일본어 **프리토킹** 스터디의 모델

ありがとう日本語
프리토킹 Free Talking
STEP 1

Nihongo Factory

일본어 **프리토킹** 스터디의 모델

ありがとう 日本語

아~리가또~ 일본본어

프리토킹

Free Talking

STEP 1

겐코히로아키, 나라유리에, 테루야마노리모토, 윤호숙, 김희박 공저

Nihongo
Factory

Foreign Copyright:
Joonwon Lee   Mobile: 82-10-4624-6629

Address: 3F, 127, Yanghwa-ro, Mapo-gu, Seoul, Republic of Korea
              3rd Floor
Telephone: 82-2-3142-4151
E-mail: jwlee@cyber.co.kr

ありがとう 日本語 Free Talking
아리가또 일본어 프리토킹 STEP ❶

2010. 4. 10. 초 판 1쇄 발행
2024. 7. 31. 초 판 10쇄 발행

> 저자와의
> 협의하에
> 검인생략

지은이 | 겐코 히로아키, 나라 유리에, 테루야마 노리모토, 윤호숙, 김희박
펴낸이 | 이종춘
펴낸곳 | ㈜도서출판 **성안당**
주소 | 04032 서울시 마포구 양화로 127 첨단빌딩 3층(출판기획 R&D 센터)
      | 10881 경기도 파주시 문발로 112 파주 출판 문화도시(제작 및 물류)
전화 | 02) 3142-0036
      | 031) 950-6300
팩스 | 031) 955-0510
등록 | 1973. 2. 1. 제406-2005-000046호
출판사 홈페이지 | **www.cyber.co.kr**
ISBN | 978-89-315-8843-9 (13730)
정가 | 18,000원

이 책을 만든 사람들
기획 | 최옥현
진행 | 김해영
본문 디자인 | 박정현
표지 디자인 | 박원석
홍보 | 김계향, 임진성, 김주승
국제부 | 이선민, 조혜란
마케팅 | 구본철, 차정욱, 오영일, 나진호, 강호묵
마케팅 지원 | 장상범
제작 | 김유석

■ 도서 A/S 안내

성안당에서 발행하는 모든 도서는 저자와 출판사, 그리고 독자가 함께 만들어 나갑니다.
좋은 책을 펴내기 위해 많은 노력을 기울이고 있습니다. 혹시라도 내용상의 오류나 오탈자 등이 발견되면 **"좋은 책은 나라의 보배"**로서 우리 모두가 함께 만들어 간다는 마음으로 연락주시기 바랍니다. 수정 보완하여 더 나은 책이 되도록 최선을 다하겠습니다.
성안당은 늘 독자 여러분들의 소중한 의견을 기다리고 있습니다. 좋은 의견을 보내주시는 분께는 성안당 쇼핑몰의 포인트(3,000포인트)를 적립해 드립니다.
잘못 만들어진 책이나 부록 등이 파손된 경우에는 교환해 드립니다.

■ 前書き

　最近の外国語教育が会話中心になされるようになったのに伴って、日本語教育も会話を中心にすることが多くなっています。その影響で日本語の会話教材が、あふれるほどにたくさん出版されました。しかし、これらの日本語教材は単純に会話のスキルだけを育てるだけで、日本人との実際のコミュニケーションができるような自由会話の運用能力の向上を成し遂げられないでいるのが現状です。また、日本語能力は多様なテーマと素材を通して体系的に、そして楽しく繰り返すという過程を経て、習得されるべきなのですが、既存の日本語会話教材は文型や文法に対する説明なしに、今まで何度も扱われてきたようなテーマで、ペアの会話練習形式をとるという、単純な構成のものでした。そのために学習者の興味を促すことができないのはもちろんのこと、体系的な会話能力や、会話の運用能力を向上させる手助けにもなってきませんでした。

　本教材はこのような問題点を改善して、体系的な文型練習を通して基礎会話能力を徹底的に身につけてから、実用的な語彙と学習者の興味を刺激できる多様なテーマで日本人との自由なコミュニケーションができる会話応用能力が育てられるよう企画されています。

　したがって、本教材は新日本語能力試験2級(N2)以上のレベルの習得を目標にして、扱っている内容もN2からN1相当レベルに向けて段階別に、上達するように構成されています。そのため「パターントレーニング」を通して、フリートーキングの構成のもとになる基本練習ができるようにしてあります。基本的な「パターン」をマスターして、それをもとに会話を構成することが、上達の第一歩です。また、ほとんどの既存の教材が古いテーマを扱っていますが、本教材では、現代日本人が日常生活の中で、最も関心を持っている最新の重要なテーマを厳選して提示し、さらにダイアローグとともにユニークで興味深いクイズを通して、学習者の関心を喚起するようにしてあります。さらに、フリートーキングでは、各課のテーマと関連づけて2つの異なる立場の文章を提示し、その違いを読み取ってから、自分の意見や感想を自由に発表できるようにして、表現力を育てていきます。

　この他にも、基本文型をもとに、練習会話と応用会話、さらに会話のキーワードやボキャブラリーを補充し、より幅のある会話ができるようにしてあります。これを通してJF日本語教育スタンダードの目指す「相互理解のための日本語」の構成要素である「課題遂行能力」、「異文化理解能力」や新日本語能力試験が要求している「課題遂行のための言語コミュニケーション能力」を身につけることができるようになります。

　本教材が完成するまで、ご尽力くださったNihongo Factoryの方々をはじめとする関係者の皆様に心から感謝申し上げます。

2010年 3月 1日

著者一同

この本の構成と特徴

　実際に現場で日本語を教えている現職の大学教授と日本人の大学教授とが執筆に参加しました。日本語の会話指導の際に苦労する点や従来のテキストの改善すべき点を十分に話し合った末に誕生した『ありがとう日本語フリートーキングSTEP1』は、流暢な会話を目標とする学習者はもちろん、様々な現場で日本語会話を指導なさっている先生方の力にもなれる教材です。

　それでは、この本の構成と特徴について見ていきましょう。

❶『ありがとう日本語フリートーキングSTEP1』は日常よく登場し、会話の素材となりうる全18個のテーマをもって、会話本文を構成しています。本文の会話を通して、日本の文化と生き生きとした会話に必要な表現が学習できます。

❸「クイズ」は本文の内容確認、及び日本文化に対するいくつかのクイズができるようになっています。言語の学習において必要な日本文化を楽しく学習することができます。他のどの本にもこのようなコーナーは見当たらないでしょう！

❷「語句」の欄では、学習効果を高めるために、そのコーナーで提示された単語や表現を余すところなく整理しました。

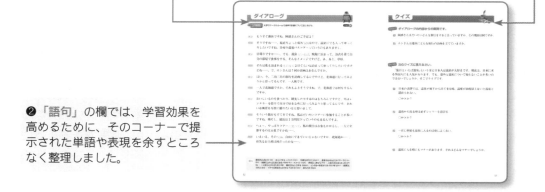

❹「パターントレーニング」では本文で提示された文型を会話に応用できるように文型の基本練習を設けました。この基本練習を十分に行えば、会話の際にその文型を使った表現が自然と口から出てくるようになるでしょう。

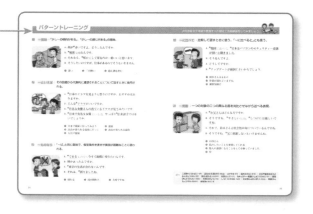

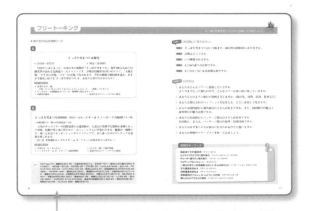

❺ 「フリートーキング」ではテーマに沿った意見文を提示し、討論できるように構成しました。他の人の意見を聞き、自分の意見を話す過程を通して、会話することに積極的になることがこのコーナーの目標です。

❻ 「VOCA+」は各課のテーマで会話をする際に必要な語彙を整理したものです。会話を広げていく上で必要な単語ですので、熟知しておくと役に立つでしょう。

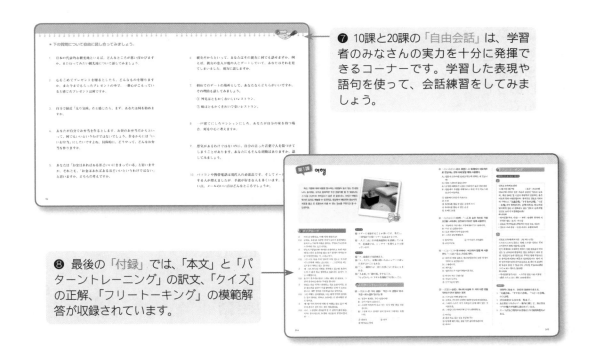

❼ 10課と20課の「自由会話」は、学習者のみなさんの実力を十分に発揮できるコーナーです。学習した表現や語句を使って、会話練習をしてみましょう。

❽ 最後の「付録」では、「本文」と「パターントレーニング」の訳文、「クイズ」の正解、「フリートーキング」の模範解答が収録されています。

❾ 本文の内容は、ネイティブスピーカーの臨場感あふれる会話を聞いてリピートできるように録音してあります。MP3を活用すれば、聞くことはもちろん話す練習もでき、より効果的な学習が期待されます。

■ 目次

登場人物

佐々木真由美(ささき まゆみ)(42歳)：ありがとう商社の部長。

イ スンフン(35歳)：ありがとう商社の韓国支社の課長。今年、東京の本社に派遣された。

キム ミラ(27歳)：ありがとう商社の社員。

吉田大輔(よしだ だいすけ)(29歳)：キム ミラさんと同僚。

ホン テミン(20歳)：韓国から日本へ来た留学生。

松本健太(まつもと けんた)(21歳)：韓国に興味がある日本の大学生。

阿部(あべ)さくら(20歳)：ホン テミン君と同じサークルで活動している大学生。

パク ナリ(22歳)：韓国から日本へ来た留学生。

旅行

　　最近、旅行について内容を重視する人が増えているようです。重視するものというと、まず、観光スポットがあげられます。その次の条件として、宿泊場所が多いようです。それから、旅行地での料理もかかせないでしょう。日常から解放されて普段の疲れをとり、また、穏やかに過ごせる場所を求めていると言えそうです。

語句 重視(じゅうし)する 중시하다 ｜ 条件(じょうけん) 조건 ｜ ～として ～(으)로서 ｜ 宿泊場所(しゅくはくばしょ) 숙박 장소 ｜ かかす 빠뜨리다, 빼다 ｜ 日常(にちじょう) 일상 ｜ 解放(かいほう) 해방 ｜ 普段(ふだん) 평상시 ｜ 疲(つか)れをとる 피로를 풀다 ｜ 穏(おだ)やかだ 온화하다, 차분하다 ｜ 過(す)ごす 지내다 ｜ 求(もと)める 구하다

ダイアローグ

ホン　もうすぐ連休ですね。阿部さんのご予定は？

阿部　そうですね……。最近ちょっと疲れ気味なので、温泉にでも入ってゆっくりしたいですね。日帰り温泉バスツアーっていうのもありますし。

ホン　日帰りですか……。でも、温泉といえば、旅館に泊まって、浴衣を着て自分の部屋で食事をする、そんなイメージですけど。あ、あと、卓球。

阿部　それは私も泊まれるものなら２日ぐらいは泊まってゆっくりしたいですけどね……。で、ホンさんは？何か計画はあるんですか。

ホン　はい。今、二泊三日の旅行を計画してるんですけど、北海道に行ってみようかと思ってるんです。一人旅です。

阿部　一人で北海道ですか。それもよさそうですね。で、北海道では何をするんですか。

ホン　おいしいものを食べたり、観光したりするのはもちろんですけど、実はレンタカーを借りて自分で好きな所に行ってみようと思ってるんです。きれいな風景を写真に撮りたいなと思いまして。

阿部　そういう旅行もすてきですね。私はだいたいツアーに参加することが多いですね。楽だし、最近は１万円以下っていうのもあるんですよ。

ホン　へぇ～、やっぱりツアーに比べて、私の旅行はお金もかかるし、一人で全部するのは大変ですかね……。

阿部　いえいえ、その反面、自由にできていいじゃないですか。北海道か……、有名なお土産は何だったかな……。

語句　**連休(れんきゅう)** 연휴 | **ゆっくりする** 느긋하게 지내다 | **日帰(ひがえ)り** 당일치기 | **温泉(おんせん)バスツアー** 온천 버스 투어 | **旅館(りょかん)に泊(と)まる** 여관에 묵다 | **イメージ** 이미지 | **卓球(たっきゅう)** 탁구 | **二泊三日(にはくみっか)** 2박 3일 | **一人旅(ひとりたび)** 혼자 여행 | **観光(かんこう)する** 관광하다 | **レンタカーを借(か)りる** 렌트카를 빌리다 | **風景(ふうけい)** 풍경 | **ツアーに参加(さんか)する** 투어에 참가하다 | **楽(らく)だ** 편하다

クイズ

クイズⅠ ダイアローグの内容からの質問です。

1. 阿部さんはだいたいどんな旅行をすると言っていますか。その理由は何ですか。

2. ホンさんは連休にどんな旅行の計画を立てていますか。

クイズⅡ 次のクイズに答えなさい。

「旅行といえば温泉」というほど日本人は温泉が大好きです。現在は、日本に来る外国人にも人気があります。でも、意外と温泉について知らないことが多いのではないでしょうか。そこでクイズです。

1. 日本の法律では、温泉が地下から出て来る時、温度が30度以上ないと温泉と認められない。

   ○か×か？

2. 温泉から出る時は必ずシャワーを浴びる。

   ○か×か？

3. 一日に何度も温泉に入るのは体によくない。

   ○か×か？

4. 温泉に入る時にもマナーがあります。それはどんなマナーでしょうか。

パターントレーニング

① ～気味：「少し～の傾向がある」、「少し～の感じがある」の意味。 Track 001

A：顔が❶赤いですよ。どうしたんですか。

B：❷風邪気味なんです。

A：それなら、❸暖かくして寝るのが一番いいと思います。

B：そうしたいのですが、仕事があるのでそうもいきません。

❶ 青い　　　❷ 二日酔い　　　❸ 迎え酒を飲む

② ～といえば：その話題から代表的に連想されることについて話すときに Track 002
使用される。

A：❶日本のドラマを見ようと思うのですが、おすすめはあ
りますか。

B：どんな❷ドラマがいいですか。

A：❸有名な女優さんの出ているドラマが見てみたいです。

B：❹日本で有名な女優といえば、やっぱり❺広末涼子ではな
いでしょうか。

❶ 日本で温泉に行ってみよう　　　❷ 温泉
❸ 浴衣が着られる温泉に行って　　　❹ 浴衣が着られる温泉
❺ 大江戸温泉

③ ～ものなら：「～ば」と同じ意味で、仮定条件を表すが実現が困難な Track 003
ことに使われる。

A：❶できるものなら今すぐ故郷に帰りたいんです。

B：何かあったんですか。

A：❷東京の生活が合わないんです。

B：それは、❸困りましたね。

❶ 帰れる　　　❷ 母が倒れた　　　❸ 大変ですね

次の会話文で単語や表現を入れ替えて会話練習をしてみましょう。

4 〜に比べて：比較して話すときに使う。「〜に比べると」とも言う。 **Track 004**

A：❶他国に比べて、❷日本はパソコンのセキュリティー意識が弱いと聞きました。

B：そうなんですよ。

A：どうしてですか。

B：❸アップデートが面倒くさいからでしょう。

❶ 田中さんはまわり
❷ 作業が遅れていますね
❸ 風邪気味だ

5 〜反面 ： 一つの対象の二つの異なる面を対比させながら 述べる表現。 **Track 005**

A：❶お父さんはどんな方ですか。

B：そうですね。❷やさしい反面、❸しつけには厳しいですね。

A：それで、鈴木さんは社会性が身についているんですね。

B：そうですね。❹父に感謝しないといけませんね。

❶ お母さん
❷ 私のしたいことを尊重してくれる
❸ 他人の迷惑になることをとても嫌っていました
❹ 母

語句 二日酔(ふつかよ)い 숙취 ｜ 迎(むか)え酒(ざけ) 해장술 ｜ 浴衣(ゆかた) 유카타 ｜ 大江戸温泉(おおえどおんせん) 오에도 온천 ｜ 倒(たお)れる 쓰러지다 ｜ 他国(たこく) 타국 ｜ セキュリティー意識(いしき) 안전(보안) 의식 ｜ 面倒(めんどう)くさい 귀찮다 ｜ 作業(さぎょう) 작업 ｜ しつけ 예의범절을 가르침 ｜ 社会性(しゃかいせい) 사회성 ｜ 尊重(そんちょう)する 존중하다 ｜ 迷惑(めいわく) 폐

フリートーキング

◉ 旅行会社の広告情報データ

A

Track 006

さっぽろ雪まつり＆観光

◉ 2月5日～2月7日　　　　　　　　　◉ 料金：35,000円

　1950年にはじまった、日本の冬の風物詩「さっぽろ雪まつり」。毎年200万人以上の観光客が訪れる北海道の一大イベントです。会場は札幌市内の3つのエリア、「大通会場」「すすきの会場」「つどーむ会場」で行われます。今年の開催で第61回を迎え、ますます進化し続ける「さっぽろ雪まつり」を、あなたも見に行きませんか？

ツアーポイント

- 食事付き(夕、朝)
  ＊夕食：タラバガニとズワイガニのしゃぶしゃぶセット　＊朝食：バイキング
- サッポロビール博物館見学（ビール一杯無料で飲めます！！）
- 札幌市内観光　　　　　　　　　　　　　　　• 温泉付きのリゾートホテルに宿泊

B

Track 006-01

さっぽろ雪まつり(開催期間：2月5日～11日) ＋ スキー＆スノーボード(札幌国際スキー場)

＊札幌国際スキー場への往復送迎バス付

　人気のキャラクターや国際色豊かな建造物が、大迫力の雪像や幻想的な氷像となって登場。札幌が雪と氷に彩られた一大ミュージアムに早変わりする、魅惑の一週間です。夜になればイルミネーションやライトアップで、また違ったロマンチックな表情も楽しめます。
二泊三日　¥33,000 (レンタルスキー or ボードセットは含まれていません。)

ツアーポイント

- 夕食付き（ジンギスカン）　　　　　　　　• 1日スキー場にて遊び放題
- レンタルスキー or ボードセット 1,000円割引

語句 エリア (area) 지역 ｜ 開催(かいさい) 개최 ｜ 大通(おおどおり) 큰 길 ｜ ますます 더욱 더 ｜ 進化(しんか)し続(つづ)ける 계속 진화한다 ｜ ～付(つ)き ～붙어 있음 ｜ タラバガニ 왕게 ｜ ズワイガニ 참게 ｜ しゃぶしゃぶ 샤브샤브 ｜ セット 세트 ｜ バイキング 바이킹, 뷔페식 요리 ｜ リゾートホテル 리조트 호텔 ｜ 往復送迎(おうふくそうげい)バス 왕복 셔틀버스 ｜ キャラクター 캐릭터 ｜ 豊(ゆた)かだ 풍부하다 ｜ 建造物(けんぞうぶつ) 건조물 ｜ 大迫力(だいはくりょく) 큰 박력 ｜ 雪像(せつぞう) 눈조각상 ｜ 幻想的(げんそうてき)だ 환상적이다 ｜ 氷像(ひょうぞう) 얼음 조각 상 ｜ 彩(いろど)る 채색하다 ｜ 早変(はやが)わりする 조변하다 ｜ 魅惑(みわく) 매혹 ｜ 表情(ひょうじょう) 표정, 모습 ｜ レンタル 렌탈 ｜ 含(ふく)む 포함하다 ｜ ジンギスカン 징기스칸 요리의 줄임말 ｜ 遊(あそ)び放題(ほうだい) 마음껏 놂 ｜ 割引(わりびき) 할인 ｜ 特典(とくてん) 특전 ｜ パンフレット 팜플렛 ｜ 理想(りそう) 이상

PART I 次の問いに答えなさい。

問題1 会場はどこですか。

問題2 AとBの違う点は何ですか。

問題3 AにはなくBにある特典は何ですか。

PART II 応用会話

1. あなたはどのように旅行の計画を立てますか。(旅行先、目的、宿泊、食事など)

2. あなたは国内旅行と海外旅行のどちらが好きですか。また、国内旅行の魅力と海外旅行の魅力は何ですか。

3. あなたは自由旅行とパッケージ旅行のどちらが好きですか。
   自由旅行、または、パッケージ旅行の長所・短所は何ですか。

4. あなたはなぜ多くの人が旅行に行きたがるのだと思いますか。

5. あなたの理想のツアープランを作ってみましょう。

会話のキーワード

- **格安(かくやす)航空券**：싼(저가) 항공권
- **ビジネスクラスで行く海外旅行**：비즈니스 클래스로 가는 해외여행
- **チャーター便で行く海外旅行**：전세기로 가는 해외여행
- **ウェディング&ハネムーン**：웨딩&허니문
- **一度は行きたい世界遺産(せかいいさん)の旅(たび)**：한 번은 가고 싶은 세계유산 여행
- **文化遺産を訪ねる**：문화유산을 방문하다
- **自然遺産を訪ねる**：자연유산을 방문하다
- **添乗員同行(てんじょういんどうこう)の旅**：수행안내원 동행 여행
- **都心からのアクセスが便利**：도심에서 가는 교통수단이 편리함

VOCA⁺

- ☐ **JR(ジェイアール)** 일본철도주식회사(JR)
- ☐ **駅員(えきいん)** 역무원
- ☐ **切符売(きっぷう)り場(ば)** 매표소
- ☐ **改札口(かいさつぐち)** 개찰구
- ☐ **入(い)り口(ぐち)** 입구
- ☐ **出口(でぐち)** 출구
- ☐ **降(お)りる** 내리다
- ☐ **乗(の)り換(か)える** 갈아타다
- ☐ **乗(の)り過(す)ごす** (타고 가다)하차역을 지나치다
- ☐ **黄色(きいろ)い線(せん)** 노란 선
- ☐ **急行(きゅうこう)** 급행
- ☐ **特急(とっきゅう)** 특급
- ☐ **~行(ゆ)き** ~행
- ☐ **~発(はつ)** ~발
- ☐ **キオスク** 철도 매점
- ☐ **東口(ひがしぐち)** 동쪽 출입구
- ☐ **西口(にしぐち)** 서쪽 출입구
- ☐ **南口(みなみぐち)** 남쪽 출입구
- ☐ **北口(きたぐち)** 북쪽 출입구

- ☐ **喫煙所(きつえんじょ)** 흡연소
- ☐ **ダイヤが乱(みだ)れる** 열차 운행시간표가 엉망이 되다
- ☐ **自動券売機(じどうけんばいき)** 자동 매표기
- ☐ **スイカ(Suica)** 교통카드 수이카(Suica) (주로 JR 동일본 쪽)
- ☐ **トイカ(TOICA)** 교통카드 토이카(TOICA) (주로 JR 도카이 쪽)
- ☐ **イコカ(ICOCA)** 교통카드 이코카(ICOCA) (주로 JR 서일본 쪽)
- ☐ **~番線(ばんせん)** ~번 선
- ☐ **途中下車(とちゅうげしゃ)** 도중 하차
- ☐ **周遊券(しゅうゆうけん)** 주유권 (일정 조건에 의해 운임이 할인되는 승차권의 한 종류)
- ☐ **フリーチケット** 프리 티켓
- ☐ **長距離(ちょうきょり)バス** 장거리 버스
- ☐ **観光(かんこう)バス** 관광 버스
- ☐ **運転手(うんてんしゅ)** 운전기사
- ☐ **タクシー乗(の)り場(ば)** 택시 승강장
- ☐ **空車(くうしゃ)** 빈 차

携帯・メール・迷惑メール インターネット

インターネットが普及して、電子メールがコミュニケーション手段の一つとして広く使われるようになりました。それにより、一部の送信者たちが行う迷惑メールの大量送信は、多くの人にとって迷惑な話です。迷惑メールへの対策としてすぐできるものは、受信拒否の登録をすることです。それでも減らないときには、メールアドレスを変更するのもいいでしょう。決して返信をしてはならないということを覚えておかなければなりません。

語句 | 普及(ふきゅう) 보급 | 電子(でんし)メール 전자 메일 | コミュニケーション 手段(しゅだん) 커뮤니케이션 수단 | 一部(いちぶ) 일부 | 送信者(そうしんしゃ) 송신자(보내는 사람) | 大量送信(たいりょうそうしん) 대량 송신 | 迷惑(めいわく)だ 귀찮다, 성가시다, 민폐다 | 迷惑(めいわく)メール 스팸 메일 | 対策(たいさく) 대책 | 受信拒否(じゅしんきょひ) 수신 거부 | 登録(とうろく) 등록 | 減(へ)る 줄다 | メールアドレス 메일 주소 | 変更(へんこう)する 변경하다 | 決(けっ)して 결코 | 返信(へんしん) 답신, 회신

ダイアローグ

状況 仕事中の会社のオフィスで。

キム　先輩、ちょっと見てください、これ。1日でこれですよ。

吉田　ん？これ、もしかして全部迷惑メールですか。

キム　はい。最近、特にひどいんです。もう、振り分けたり、削除したりするだけで何時間もかかるんですよ。

吉田　それは、大変だ……。大事なメールを見落とすおそれもありますよね。

キム　そうなんです。それで、企業向けにメールチェックのサービスをしてくれる会社があるそうなので、部長に頼んでみようかと思うんですけど、どう思われますか？

吉田　いいんじゃないですか。データが流出したらもっと大変になりますし。

キム　そうですよね。あと、実は、私、携帯電話にも悪質なメールが来て困ってるんですよ。一度返信したばかりに、1日に20件くらいメールが来るようになってしまって。

吉田　件名からして怪しいものは開けない方がいいでしょうね。それから、知り合いからのメールだからといって、何でも開けるのも危ないと思いますよ。

キム　はい……。気をつけます。

吉田　あとは対策ですね。アドレスを変えてしまうというのは聞いたことがありますけど。でも、本当にそれでいいのかなって時々思いますね。

語句　もしかして 혹시 | 特(とく)に 특히 | ひどい 심하다 | 振(ふ)り分(わ)ける 분류하다 | 削除(さくじょ)する 삭제하다 | 見落(みお)とす 간과하다 | 頼(たの)む 부탁하다 | データが流出(りゅうしゅつ)する 데이터가 유출되다 | 悪質(あくしつ)なメール 악질적인 메일 | 返信(へんしん)する 답장하다 | 件名(けんめい) 건명, 제목 | 怪(あや)しい 이상하다 | 知(し)り合(あ)い 아는 사람, 지인 | 危(あぶ)ない 위험하다 | 気(き)をつける 조심하다 | アドレスを変(か)えてしまう 주소를 바꾸어 버리다

クイズ

クイズI ダイアローグの内容からの質問です。

1. 二人は迷惑メールの何が大変だと言っていますか。

2. 携帯電話の悪質なメールに対して、吉田さんはどんなアドバイスをしましたか。

クイズII 次のクイズに答えなさい。

　現在の携帯電話は、小さくて軽くて便利、私達の生活になくてはならないものになりました。ですが、みなさん、1989年に作られた最初の携帯電話を知っていますか。では、クイズです。

1. 重さはどのくらいだと思いますか。

   A　1kg　　　　　　　　B　2kg　　　　　　　　C　3kg

2. どうやって持ち運んでいたと思いますか。

   A　かばんのように手に持つ

   B　かばんのように肩にかける

   C　リュックサックのように背負う

3. 最初の携帯電話、毎月の基本料金はいくらぐらいだと思いますか。

   A　1万円　　　　　　　B　3万円　　　　　　　C　5万円

語句 | **肩(かた)にかける** 어깨에 걸치다 | **リュックサック** 배낭 | **基本料金(きほんりょうきん)** 기본요금 | **背負(せお)う** 업다

パターントレーニング

① **〜おそれもある** ：「〜の心配・危険などよくないことが起こる可能性 **Track 008**
がある」という意味。

A：田中さんはまだ●会社に出てこられないんですか。

B：でも今●無理をすると、●肺炎をおこすおそれもあります
から。

A：しょうがないですね。

B：じっと待ちましょう。

● A社との契約が結べていない　● こちらの条件を押し付ける
● 逆効果になる

② **〜向けに** ：「〜を特定の対象・目的とする」の意味。 **Track 009**

A：この●車は日本車なのに、どうして●左ハンドルなんですか。

B：●海外輸出向けに作られているからですよ。

A：なるほど。

B：●日本やイギリス以外は右側通行が多いですからね。

● はしは　　　　　　　　● 短い
● 子供　　　　　　　　　● 子供は手が小さい

③ **〜ばかりに** ：原因の意味。後ろの文章には悪いことが起きる内容が **Track 010**
続く。会話体では「〜ばっかりに」とも言う。

A：ちょっと●太ったんじゃないですか。

B：そうなんです。実は●無理なダイエットをしたばかり
に、●リバウンドしてしまって。

A：気をつけてくださいよ。健康第一です。

B：はい。これからは体のことをまず考えるようにします。

● 顔が赤いですよ　　　● 昨日、ずっと寒いところにいた
● 風邪をひいて

次の会話文で単語や表現を入れ替えて会話練習をしてみましょう。

④ 〜からして ：「〜をはじめとして」を強調した表現で、判断の根拠を表す。 Track **011**

A : 高橋さんは❶手相を見たり、予言ができるそうですよ。

B : 高橋さんって、あの営業部の高橋さんですか。

A : そうなんですよ。私も驚きました。

B : 確かに、❷雰囲気からして、❸神秘的ですよね。

----

❶ ハーバード大学の博士号を持っている
❷ 見た目
❸ 勉強がよくできそう

⑤ 〜からといって ：「どんなに〜という理由があったとしても」の意味。 Track **012**

A : どうして泣いているんですか。

B : 指示がないと仕事ができないのかと、部長に怒られたんです。

A : ❶確かに、指示がないからと言って、❷何もしないのはよくありませんね。

B : はい。❸今後、気をつけます。

----

❶ 部長に怒られた
❷ そんなに気にする必要はありませんよ
❸ ありがとうございます

語句 肺炎(はいえん)をおこす 폐렴을 일으키다 | おそれ 우려 | しょうがない 어쩔 수 없다 | じっと 가만히 | 契約(けいやく) 계약 | 結(むす)ぶ 연결하다 | 条件(じょうけん) 조건 | 押(お)し付(つ)ける 밀어 부치다 | 逆効果(ぎゃくこうか) 역효과 | 海外輸出向(かいがいゆしゅつむ)け 해외 수출용 | 右側通行(みぎがわつうこう) 우측통행 | ダイエット 다이어트 | リバウンド 리바운드 | 気(き)をつける 조심하다 | 健康第一(けんこうだいいち) 건강 제일 | 手相(てそう)を見(み)る 손금을 보다 | 予言(よげん) 예언 | 営業部(えいぎょうぶ) 영업부 | 驚(おどろ)く 놀라다 | 確(たし)かに 확실히 | 神秘的(しんぴてき)だ 신비하다 | 博士号(はかせごう) 박사 학위 | 見(み)た目(め) 외모, 외관 | 勉強(べんきょう)ができる 공부를 잘하다 | 指示(しじ) 지시

フリートーキング

◉ 迷惑メールの種類

友人を装ったもの

　送信者が友人や知り合いからのメールも、「件名(タイトル)」が英文などの場合には、ウイルスメールの可能性があります。不審に思う場合には、開けないほうがいいでしょう。

　「久しぶり」「元気？」などの簡単な「件名(タイトル)」で送られてくる迷惑メールが増えています。送信者に覚えが無ければ、開けないほうがいいでしょう。

企業を装ったもの

　個人情報を得ようとする場合に多い手口です。安易に返信したり、本文中のアドレスをクリックして、個人情報を連絡しないようにしましょう。

テレビ番組の企画を装ったもの

　「どれだけ多くの人に、メールが届くのか？を調査中」などの文面で、メールを受け取った人は、複数人に転送するように書かれている。

殺人犯探し

　「殺人事件の犯人を捜していて、メールの転送を止めた人は犯人として復讐される」などの文面で、受け取った人は、複数の人に転送するように書かれている。

新種のコンピュータウイルスに関する情報

　「危険なウイルスが出回っており、コンピュータ内にあるファイル(***.exe) の削除をしましょう」などの文面で、実際に指定されたファイルを削除すると、コンピューターが起動しなくなる。

語句　種類(しゅるい) 종류 ｜ なりすまし 위장 ｜ 偽装(ぎそう)メール 위장 메일 ｜ 装(よそお)う 위장하다 ｜ ウイルス 바이러스 ｜ 可能性(かのうせい) 가능성 ｜ 不審(ふしん)だ 수상하다 ｜ 久(ひさ)しぶり 오랜만 ｜ 覚(おぼ)え 기억 ｜ 企業(きぎょう) 기업 ｜ 個人情報(こじんじょうほう) 개인정보 ｜ 得(え)る 얻다 ｜ 手口(てぐち) 수법 ｜ 安易(あんい)だ 안이하다 ｜ チェーンメール 체인 메일 ｜ デマメール 유언비어 메일 ｜ テレビ番組(ばんぐみ) TV 프로그램 ｜ 企画(きかく) 기획 ｜ 調査中(ちょうさちゅう) 조사중 ｜ 文面(ぶんめん) 문장내용 ｜ 複数人(ふくすうにん) 여러 사람들 ｜ 転送(てんそう)する 전송하다 ｜ 殺人(さつじん) 살인 ｜ 探(さが)し 탐색 ｜ 犯人(はんにん) 범인 ｜ 捜(さが)す 찾다 ｜ 復讐(ふくしゅう)する 복수하다 ｜ 受(う)け取(と)る 받다 ｜ 新種(しんしゅ) 신종 ｜ 出回(でまわ)る 나돌다 ｜ 指定(してい)する 지정하다 ｜ 特徴(とくちょう) 특징

PART I 次の問いに答えなさい。

問題1 Aでは、メールが届いても何をしないほうがいいと言っていますか。

問題2 AとBの特徴は何ですか。

問題3 AとBのメールの送られ方の違いは何ですか。

問題4 Aの企業を装ったものには何をしないようにするべきですか。

問題5 Bの文章を読んで何をしてはいけないと思いますか。

問題6 Bの「新種のコンピュータウイルスに関する情報」が送られてきたとき、どうなるおそれがありますか。

PART II 応用会話

1. あなたの国の迷惑メール被害状況について話しましょう。

2. どんな迷惑メールがありますか。詳しく説明しましょう。

3. 迷惑メール対策の方法を考えてみましょう。または、あなたが今している対策方法はありますか。

4. どうして人々は「迷惑メール」にだまされてしまうのだと思いますか。

5. もしあなたが被害者になったとしたらどうしますか。

6. どうして迷惑メールが来るのだと思いますか。

7. 迷惑メールはどういう面で悪質だと思いますか。

会話のキーワード

- **一方的に送られてくる覚えのないメール**：일방적으로 보내져 오는 모르는 사람의 메일
- **迷惑メールをブロックする対策**：스팸 메일을 블록 설정해서 차단하는 대책
- **受信拒否設定(じゅしんきょひせってい)**：수신 거부 설정
- **複数アドレスの使い分け**：여러 주소를 구별
- **迷惑メールの自動判定**：스팸 메일을 자동적으로 판정
- **迷惑メールを簡単に削除する**：스팸 메일을 간단히 삭제하다

- ☐ **メールを開(ひら)く** 메일을 열다
- ☐ **メールを送(おく)る** 메일을 보내다
- ☐ **送(おく)り返(かえ)される** 반송되다
- ☐ **文字化(もじば)けする** 글자가 깨지다
- ☐ **アドレスを入力(にゅうりょく)する** 주소를 입력하다
- ☐ **メール友達(ともだち)(メル友(とも))** 메일 친구
- ☐ **顔文字(かおもじ)** 얼굴 문자, 이모티콘
- ☐ **パスワードを入力する** 패스워드를 입력하다
- ☐ **ウイルスに感染(かんせん)する** 바이러스에 감염되다
- ☐ **インターネットにアクセスする** 인터넷에 접속하다
- ☐ **サーバーがダウンする** 서버가 다운되다
- ☐ **ペーストする** 복사해서 부치다
- ☐ **ウイルスチェックする** 바이러스 체크하다
- ☐ **ハッカーに侵入(しんにゅう)される** 해커에게 침입당하다

- ☐ **プリントアウトする** 출력하다
- ☐ **印刷(いんさつ)プレビュー** 인쇄 미리보기
- ☐ **保存(ほぞん)する** 보존하다
- ☐ **チャットする** 채팅하다
- ☐ **ハンドルネーム (handle name)** 통신 상의 아이디, 닉네임
- ☐ **上書(うわが)きする** 덧쓰기하다
- ☐ **貼(は)り付(つ)ける** 붙이다
- ☐ **圧縮(あっしゅく)する** 압축하다
- ☐ **解凍(かいとう)する** 압축을 풀다
- ☐ **ブログ** 블로그
- ☐ **書(か)き込(こ)む** 기입하다, 써넣다
- ☐ **レスをつける** 댓글을 달다

第3課
私のこだわり

　　人間だれでもこだわりがあります。ファッション、化粧、しこう品、食事、車、インテリア……。あなたのこだわりは何ですか。こだわりをもつというのは、あいまいにしないで、徹底的に本物を追求するということでしょう。趣味の世界から仕事の世界まで幅が広いです。それは、プロの精神にもつながります。何百年もの伝統の味であったり、プロにしかできない手作りの技術であったりします。些細なことから、大きなことまで、こだわりたくなる対象がいろいろあるはずです。今回はそんなこだわりについて話してみましょう。

語句
こだわり 집착, 민감한 것 | **しこう品(ひん)** 기호품 | **あいまいだ** 애매하다 | **～しないで** ～하지 않고 | **徹底的(てっていてき)に** 철저하게 | **本物(ほんもの)** 진짜 | **追求(ついきゅう)する** 추구하다 | **幅(はば)が広(ひろ)い** 폭이 넓다 | **プロの精神(せいしん)** 프로 정신 | **つながる** 연결되다 | **伝統(でんとう)** 전통 | **手作(てづく)り** 손수 만들기, 수제(手製) | **技術(ぎじゅつ)** 기술 | **些細(ささい)** 사소함, 하찮음 | **対象(たいしょう)** 대상

ダイアローグ

吉田　ふぅ〜、ちょっと休みませんか。おいしいコーヒー入れますよ。

キム　やったぁ！ペーパードリップで入れる、あのコーヒーですか。

吉田　もちろんですよ。じゃ、ちょっと入れてきますね。

● コーヒーを入れながら

キム　でも先輩、いつも面倒臭くないですか。

吉田　まあ、手間からいうと、インスタントの方がずいぶん楽ですけど、やっぱり人に飲んでもらうからには、喜んでもらいたいじゃないですか。

キム　それはそうですけど……。で、この豆はどこで買ってくるんですか。

吉田　生の豆をインターネットで注文して、休みの日に自分で焙煎してるんですよ。

キム　えっ〜！そこまでこだわってるんですか。すごいですね〜。

● コーヒーを飲みながら

キム　あぁ、おいしいっ！さすが、焙煎からされるだけあって全然違いますね。会社でこんなおいしいコーヒーが飲めるなんて、本当幸せです。

吉田　そんな幸せだなんて……。で、キムさんは？何かにこだわりってありますか。

キム　そうですね〜、あっ、ありますよ、ビールです。いろんな種類がありますけど、全部違うんですよね。それに、おいしい飲み方っていうのがあって、研究してるんです。

吉田　へぇ〜、コーヒーでも何でも同じですね。勉強すればするほどこだわりたくなるんですよね。

語句　コーヒーを入(い)れる 커피를 타다 | ペーパードリップ 페이퍼 드립 | 面倒臭(めんどうくさ)い 귀찮다 | 手間(てま) 수고 | ずいぶん 대단히 | やっぱり 역시 | 注文(ちゅうもん)する 주문하다 | 焙煎(ばいせん)する 볶다 | きちんと 제대로

クイズ

クイズI ダイアローグの内容からの質問です。

1. 吉田さんのこだわりは何ですか。

2. キムさんのこだわりは何ですか。

クイズII 次のクイズに答えなさい。

　「こだわり」は人それぞれです。食へのこだわり、仕事へのこだわりなど、いろいろなものへの「こだわり」があるでしょう。ここでは、ちょっと日本語、特に敬語表現にこだわってみましょう。では、問題です。次の日本語には気になるところがあります。さあ、それはどこでしょうか。そして、あなたならどのように言うでしょうか。

1. 例えば、会社の上司、学校の先生、先輩が重い荷物をたくさん持って歩いています。その様子を見てひとこと言います。
「○○さん（上司・先生・先輩）、持ってあげましょうか。」
あなたなら何と言いますか。

2. 例えば、会議中にあなたの上司が仕事の内容を説明してくれました。そのような時にひとこと言います。
「ご説明してくださりありがとうございます。」
あなたなら何と言いますか。

　敬語表現の問題はここまでです。皆さん、ご苦労様でした。
「ご苦労様でした」？？
「ご苦労様です」の使い方は？

語句 　**敬語表現(けいごひょうげん)** 경어 표현 ｜ **上司(じょうし)** 상사 ｜ **様子(ようす)** 모습

パターントレーニング

1 **〜からいうと** ：ある視点や立場からの判断を表す。

A：❶結論からいうと❷あなたを採用できません。

B：それはどうしてですか？

A：❸当社で欲しいのはプログラマーであって一般社員ではないんです。

B：そうだったんですか。残念です。

❶ 一番大事なこと　　　　❷ この車を譲り受けることが
❸ ブレーキの効き具合がよく

2 **〜からには** ：原因や理由を表す「から」に「には」がついていて、
「〜だから・当然・必ず」という意味。

A：❶アメリカに留学したからには❷できるだけ多くのアメリカ人と友達になりたいんです。

B：それはいい考えですね。

A：❸日本人とばかり❹付き合っていたのでは留学した意味がありませんから。

B：頑張って下さい。

❶ マラソンを始めた　　　❷ ホノルルマラソンに出たい
❸ 一人で練習　　　　　　❹ していたのでは張り合い

3 **〜だけあって** ：感嘆・賞賛を表す。「〜にふさわしい価値がある」の
意味。

A：❶お金持ちだけあって❷着ているものが違いますね。

B：そうそう。❸車も高級車ですよ。

A：私達もああいうふうになりたいですね。

B：頑張ってもなれないでしょうね。

❶ 頭がいい　　　　　　　❷ 東大に入ったそうですよ
❸ 医学部だそう

次の会話文で単語や表現を入れ替えて会話練習をしてみましょう。

④ 〜なんて：予想外のできごとが起きたことに対する驚きを表す。 Track 018

A：❶あの人が社長になったなんて信じられません。

B：❷みんなに推薦されたそうですよ。

A：❸信頼される性格だったのでしょうね。

B：人間わからないものですね。

❶ あの小さかった人がモデル
❷ 身長が１７５cmになった
❸ バスケで伸びた

⑤ 〜ば〜ほど：一つのことが進行するのに比例して、他のことも
進行するという意味。 Track 019

A：❶数学が苦手なんです。

B：❷数学は問題集をやればやるほど❸嫌になりますよね。

A：そうなんですよ。

B：継続は力なりです。

❶ 最近、マラソンを始めた
❷ マラソンは走れば走る
❸ 好き

語句 採用(さいよう) 채용 ｜ 当社(とうしゃ) 당사 ｜ 譲(ゆず)り受(う)ける 양도받다 ｜ 付(つ)き合(あ)う 교제하다 ｜ 張(は)り
合(あ)い 경쟁 ｜ 高級車(こうきゅうしゃ) 고급차 ｜ 〜ふうに 〜식으로 ｜ 推薦(すいせん) 추천 ｜ 信頼(しんらい) 신뢰 ｜
問題集(もんだいしゅう) 문제집 ｜ 継続(けいぞく)は力(ちから)なり 계속은 힘이다

フリートーキング

● 美容院のこだわり

A

Track 020

すべてのお客様に対し、ご満足を提供できるようおもてなしする

当店のこだわりは、技術はもちろんの事、いやし、くつろぎ、接客、すべてにおいてお客様に支持され、満足して頂けることです。ゆったりとした空間とインテリア、落ち着いた照明が、ここが都心だということをすっかり忘れさせてくれます。「自分に合った髪型が分からない」「こんな髪型にしたい」など髪に関する悩みがある方は、ぜひお任せを! あなたに合ったスタイルを私たちがしっかりご提案します。

B

Track 020-01

あなたの個性、更なる魅力を引き出します

当店のこだわりは、白を基調としたさわやかな店内でキレイになるひと時が楽しめることです。「ご満足頂けるヘアスタイルの提供」に留まらず、様々なメニューを揃え「自分らしい美しさ」を形作るお手伝いをさせて頂きたいと考えております。お客様一人ひとりの価値観や個性を尊重し、よりご満足頂ける「美」の提案を目指しております。新しいスタイルの提案を心がけて、スタッフ一同心よりお待ちしております。

語句　お客様(きゃくさま) 고객 | 提供(ていきょう) 제공 | おもてなし 대접 | 当店(とうてん) 우리 가게 | いやし 위안 | くつろぎ 안락함 | 接客(せっきゃく) 접객 | 支持(しじ)する 지지하다 | ゆったりとした 느긋한 | 照明(しょうめい) 조명 | 都心(としん) 도심 | 任(まか)せる 맡기다 | しっかり 확실히 | 提案(ていあん) 제안 | 個性(こせい) 개성 | 更(さら)なる 한층 더 | 魅力(みりょく) 매력 | 引(ひ)き出(だ)す 꺼내다 | ～を基調(きちょう)とした ～(을)를 기조로 한 | さわやかだ 상쾌하다 | ひと時(とき) 잠시 | 留(とど)まる 머물다 | 様々(さまざま) 여러 가지 | メニュー 메뉴 | 揃(そろ)える 갖추다 | 形作(かたちづく)る 구성하다, 몸치장을 하다 | 価値観(かちかん) 가치관 | 尊重(そんちょう)する 존중하다 | 目指(めざ)す 목표로 하다 | 心(こころ)がける 유의하다 | スタッフ一同(いちどう) 스태프 일동 | 内装(ないそう) 내장 | 期待(きたい)する 기대하다 | 香(かお)り 향기 | 材質(ざいしつ) 재질

PART I 次の問いに答えなさい。

問題1 お客様に対して、AとBに共通していることは何ですか。

問題2 AとBの店はどんな内装ですか。

問題3 Bのお店にはないAのお店のPRポイントは何ですか。

問題4 Aのお店にはないBのお店のPRポイントは何ですか。

問題5 Aのお店に行くと、どんな悩みが解決できると思いますか。

問題6 Bのお店に行くと、何が期待できますか。

PART II 応用会話

1. あなたが今一番こだわっているものは何ですか。具体的に話しましょう。

2. それは、何をきっかけにこだわり始め、また、いつからですか。

3. あなたの仕事に対するこだわりは何ですか。

4. こだわっている人を見てどう思いますか。

5. クラスメートのこだわりを聞いた感想を述べましょう。

会話のキーワード

こだわっているものは?

・**食事**：식사
・**ファッション**：패션
・**家**：집
・**車**：차
・**香り**：향

・**材質**：재질
・**機能**：기능
・**とことんこだわる**：끝까지(철저히) 구애받다
・**こだわり続ける**：계속해서 구애받다
・**こだわりを持つ**：애착을 가지다

VOCA+

- ☐ ラーメン 라면
- ☐ しょうゆ 간장
- ☐ みそ 된장
- ☐ しお 소금
- ☐ 居酒屋(いざかや) 선술집
- ☐ 日本酒(にほんしゅ) 일본술
- ☐ ストレート 스트레이트
- ☐ 水割(みずわ)り 물을 탄 술
- ☐ オンザロック 온더록
- ☐ しょうちゅう 소주
- ☐ 地酒(じざけ) 토산술
- ☐ せん茶(ちゃ) 선차
- ☐ 番茶(ばんちゃ) 엽차
- ☐ カップ 컵
- ☐ ティースプーン 티스푼
- ☐ マグカップ 머그컵
- ☐ グラス 글라스, 유리잔

- ☐ シロップ 시럽
- ☐ スパイス 스파이스, 향신료
- ☐ カフェイン 카페인
- ☐ エスプレッソ 에스프레소
- ☐ キリマンジャロ 킬리만자로
- ☐ カフェオレ 카페오레
- ☐ アロマセラピー 아로마테라피
- ☐ アロマオイル 아로마 오일
- ☐ ラベンダー 라벤더
- ☐ アクセサリー 액세서리
- ☐ ローション 로션
- ☐ 化粧品(けしょうひん) 화장품
- ☐ 化粧水(けしょうすい) 화장수, 스킨
- ☐ ファンデーション 파운데이션
- ☐ 口紅(くちべに) 립스틱
- ☐ 香水(こうすい) 향수

34

サラリーマンの昼食

　景気が悪くなると、節約傾向が進んで、日本のサラリーマンの間で、昼食に少しの変化が見られるようになります。高くなりがちな外での食事をやめ、少しでも昼食代を節約しようと考えて自宅から弁当を持っていく人が増えています。また、前に比べて健康に気を使う男性も増え、せめて昼食は、体にいいものを食べたいと考える人が増えているそうです。

語句　景気(けいき) 경기 ｜ 節約(せつやく) 절약 ｜ 傾向(けいこう) 경향 ｜ 変化(へんか) 변화 ｜ なりがちだ 되기 쉬운 경향이 있다 ｜ 昼食代(ちゅうしょくだい) 중식비 ｜ 意識(いしき) 의식 ｜ 自宅(じたく) 자택 ｜ ～に比(くら)べて ～에 비해 ｜ 気(き)を使(つか)う 신경을 쓰다 ｜ せめて 적어도

状況 会社のオフィス、吉田さんが昼食にでかけるところ。 Track 021

吉田 お昼行ってきます。あれ、課長、今日は愛妻弁当ですか。

イ う、うん。実は、最近ちょっと太り気味でね。

吉田 そうですか。でも、奥様が課長のために愛情をこめて作ってくださったんでしょ。幸せですね。

イ うん。まぁ、外食でも野菜を中心にすればいいだけのことなんだけど、お小遣いも減らされてるしね。だから、好きで弁当にしてるというより、弁当にせざるを得ないって言った方が合ってるかもしれないな。

吉田 でも課長、体のためにはいいですよね。私なんかお昼はほとんど外食ですから、どうしても栄養が偏りがちになってしまって。

イ それはそうだね。野菜は？ 取るようにしてるの。

吉田 ええ。晩ご飯は自分で作るようにしていますから、そこではできるだけ取るようにしています。でも、十分じゃないかもしれませんが。

イ ん～、じゃあ、吉田君も、明日からお弁当持ってきたら？

吉田 はぁ。

イ 晩ご飯のおかずをちょっと残しておけば、朝も楽だし、いいんじゃない？

吉田 そうですね。いろんなことを考えるとお弁当を作って持って来た方がいいですね。

イ そうだよ。一石何鳥になるかわからないよ。

語句 **愛妻弁当(あいさいべんとう)** 사랑하는 부인이 만들어준 도시락 ｜ **太(ふと)り気味(ぎみ)だ** 살찌는 경향이 있다 ｜ **奥様(おくさま)** 사모님 ｜ **愛情(あいじょう)をこめる** 애정을 담다 ｜ **外食(がいしょく)** 외식 ｜ **お小遣(こづか)い** 용돈 ｜ **どうしても** 아무래도 ｜ **栄養(えいよう)が偏(かたよ)る** 영양이 치우치다 ｜ **野菜(やさい)を摂(と)る** 야채를 섭취하다 ｜ **おかず** 반찬 ｜ **一石何鳥 (いっせきなんちょう)** 일석이조 이상

クイズ

クイズⅠ ダイアローグの内容からの質問です。

1　イ課長がお弁当を持ってくる理由は何ですか。

2　イ課長はどうして吉田さんにお弁当を持ってくることをすすめましたか。

クイズⅡ 次のクイズに答えなさい。

　甘い料理、辛い料理、酸っぱい料理……。
　自分で料理をする人もしない人も、料理が好きな人も嫌いな人も調味料の名前ぐらいはいくつか知っているでしょう。和食の基本の中に、調味料の「さ」「し」「す」「せ」「そ」というのがあります。さて、その調味料の「さ」「し」「す」「せ」「そ」とは一体何でしょうか。

「さ」
「し」
「す」
「せ」
「そ」

　しかも、この順番で入れるといいそうです。

クイズⅢ 次のクイズに答えなさい。

日本での食事のし方についての問題です。「○」か「×」で答えてください。

1　うどんやそばは音を立てて食べてもいい。
　　○か×か？

2　「乾杯」する時はコップの中のお酒を全部飲まなくてもいい。
　　○か×か？

3　食べ物をはしからはしへ渡してもいい。
　　○か×か？

語句　酸(す)っぱい 시큼하다 ｜ 調味料(ちょうみりょう) 조미료 ｜ 順番(じゅんばん) 차례 ｜ 音(おと)を立(た)てる 소리를 내다 ｜ 渡(わた)す 건네주다

パターントレーニング

1 **〜をこめて** ：「気持ちを入れて・集中して」の意味。 Track 022

A: お茶がとても❶おいしいですね。

B: ❷真心をこめていれたのかもしれませんね。

A: そうですね。やはり気持ちが出るものですね。

B: 田中さんは❸優しいですからね。

❶ 熱い   ❷ 憎しみ
❸ 怖い

2 **〜を中心に** ：事柄・場所・集団等の重要なものを挙げる表現。 Track 023

A: 一番大事なものは何ですか。

B: ❶パソコンです。❷最近の世の中はパソコンを中心に
❸仕事が進んでいきますから。

A: ❹動かなくなった時は困りますね。

B: そうなんですよ。もうパニックになってしまいます。

❶ 子供   ❷ 子供
❸ 生活しています   ❹ 病気になった

3 **〜というより〜** ：文の前にあるものを完全には否定せずに、後ろの Track 024
ほうがより適切であることを表す。

A: 姉が❶バイオリンを習い始めたんです。

B: それはいいですね。

A: ❷でも姉の演奏は音楽というより❸騒音です。

B: それは❹大変ですね。

❶ お菓子作り   ❷ 姉のお菓子は食べ物
❸ 芸術作品   ❹ ぜひ見てみたい

④ 〜ざるをえない ： 自分の意志に反して、どうしようもなくしなければ　Track 025
ならないという意味。

A： 来週、❶コンサートに行く予定だったのですが……。

B： 行けなくなったんですか。

A： 急に❷出張にいくことになって……。

B： それは残念ですが、❸諦めざるをえないですね。

❶ ハワイ旅行をする
❷ 母が入院して
❸ お母さんのところに行か

⑤ 〜がち ： 意図せずに、そのようになってしまうことがよくあると　Track 026
いう意味。

A： 試験の時に❶自分の名前を書き忘れたことはないで
すか。

B： あります。よく❷ありがちなミスですよね。

A： 先日、能力試験で❸名前を書き忘れてしまったんです。

B： 本当ですか。しょうがないですね。次にがんばってくだ
さい。

❶ マークシートがずれていた
❷ し
❸ 解答欄が一つあまって

語句 真心(まごころ)をこめる 진심을 담다 | 憎(にく)しみ 미움 | 世(よ)の中(なか) 세상 | 騒音(そうおん) 소음 | お菓子作(か
しづく)り 과자 만들기 | 芸術作品(げいじゅつさくひん) 예술 작품 | 諦(あきら)める 단념하다 | 書(か)き忘(わす)れる 쓰는
것을 잊다 | 解答欄(かいとうらん) 해답란

フリートーキング

● サラリーマンの昼食に対する声

A

Track 027

　私は営業部で外出することが多いから、昼食は外で食べます。外食すると
いっても、経済面を考えてリーズナブルな値段のものを選ぶのは当たり前で
す。そして、昼食をとる時間があまりないことや一人で食べることが多いこ
とから、簡単に済ませることができるファーストフード店に行くことが多い
です。最近ではメニューを値上げする飲食店も増えています。これでは、経
済的にも良くないし、また、毎日外食だと健康にも悪いということは分かっ
ているのですが、外食で済ませてしまっているのが今の現状です。

B

Track 027-01

　私は、日によって違いますが、節約のためになるべく弁当を持参するよう
にしています。また、昼食は個人個人で食事を取ることが多いことから、一
人で食べるのには弁当が便利で簡単です。自分で弁当を作るのは正直大変で
すが、 好きなものが詰められるし、健康にも良く、食べる量も調整できる
ので、ダイエットにも効果があり一石二鳥です。お弁当を持参することは、
節約、ダイエット効果が期待でき、また、一つの趣味として楽しむことがで
きるので、これからも続けたいと思います。

語句　経済面(けいざいめん) 경제면 ｜ 当(あ)たり前(まえ) 당연함 ｜ 昼食(ちゅうしょく)を取(と)る 점심 식사를 하다 ｜ 済(す)ま
せる 끝내다 ｜ ファーストフード店(てん) 패스트푸드점 ｜ 値上(ねあ)げする 가격 인상을 하다 ｜ 飲食店(いんしょくてん)
음식점 ｜ 現状(げんじょう) 현상 ｜ 詰(つ)める 가득 넣다 ｜ 調整(ちょうせい) 조정 ｜ 一石二鳥(いっせきにちょう) 일석
이조 ｜ 自炊(じすい) 자취

PART I 次の問いに答えなさい。

問題1 AとBのサラリーマンは何を考えて昼食をとっていますか。

問題2 AとBのサラリーマンはだれと食べることが多いと言っていますか。

問題3 AとBとでは何が一番違いますか。

問題4 Aのサラリーマンは最近の飲食店はどうだと言っていますか。

問題5 Bには出来てAには出来ないことは何ですか。

問題6 Bはどんな効果があると言っていますか。

PART II 応用会話

1. あなたは昼食をどうしていますか。外食派ですか。お弁当派ですか。
それはなぜですか。

2. 外食またはお弁当の良い点・悪い点は何ですか。

3. あなたは健康のために何に気をつけて食事をしていますか。

4. あなたは忙しいとき、食事をどうしていますか。

5. あなたはよく外食をしますか。また、どんなときに外食をしますか。

6. あなたは食事をするとき一人でしますか。それとも何人かの人といっしょに食事
をしますか。それはなぜですか。

7. あなたは自炊をしますか。自炊のどこが良いと思いますか。

会話のキーワード

- **外食を控(ひか)えるようにしている**：외식을 줄이려고 하고 있다
- **社内食堂で食べる**：사내식당에서 먹다
- **栄養(えいよう)バランスを気にする**：영양 밸런스에 신경을 쓰다
- **早食い**：음식을 빨리 먹음
- **大食い**：많이 먹음
- **がっつり食べる(若者ことば)**：충분히 많이 먹는다
- **少食**：소식(적게 먹음)
- **ちびちび[ちょびちょび]食べる**：찔끔찔끔 먹는다
- **くちゃくちゃ音を立てて食べる**：쩝쩝 소리를 내면서 먹다
- **よくかんで食べる**：잘 씹어서 먹다

- ☐ サンドイッチ 샌드위치
- ☐ ハンバーガー 햄버거
- ☐ フライドポテト 프렌치 프라이
- ☐ セットメニュー 세트 메뉴
- ☐ ピザ 피자
- ☐ カレーライス 카레라이스
- ☐ アイスクリーム 아이스크림
- ☐ ケーキ 케이크
- ☐ シャーベット 샤베트
- ☐ 日替(ひが)わり定食(ていしょく) 일일 정식
- ☐ きつねうどん・そば 유부우동・메밀 국수
- ☐ たぬきうどん・そば 튀김 가루 우동・메밀 국수
- ☐ 月見(つきみ)うどん・そば 생계란을 고명으로 올린 우동・메밀 국수
- ☐ 天(てん)ぷらうどん・そば 튀김 우동・메밀 국수
- ☐ 豚骨(とんこつ)ラーメン 돼지뼈 라면
- ☐ チャーシューメン 챠슈멘

- ☐ 牛丼(ぎゅうどん) 소고기 덮밥
- ☐ 紅(べに)しょうが 다홍색 생강
- ☐ 天丼(てんどん) 튀김 덮밥
- ☐ カツ丼(どん) 돈가스 덮밥
- ☐ うな丼(どん) 장어 덮밥
- ☐ 焼(や)きそば・うどん 야키소바・우동
- ☐ 冷(ひ)やし中華(ちゅうか) 냉 중화면
- ☐ ロースカツ 로스 커틀릿
- ☐ ヒレカツ 안심 커틀릿
- ☐ おにぎり・おむすび 주먹밥
- ☐ 手巻(てま)き寿司(ずし) 손으로 만든 간이 초밥
- ☐ 巻(ま)き寿司(ずし) 김초밥
- ☐ たまご焼(や)き 계란 부침
- ☐ 梅干(うめぼ)し 우메보시, 매실 장아찌
- ☐ からあげ 튀긴 닭고기
- ☐ ハム 햄
- ☐ ソーセージ 소시지

お金で買える物と買えない物

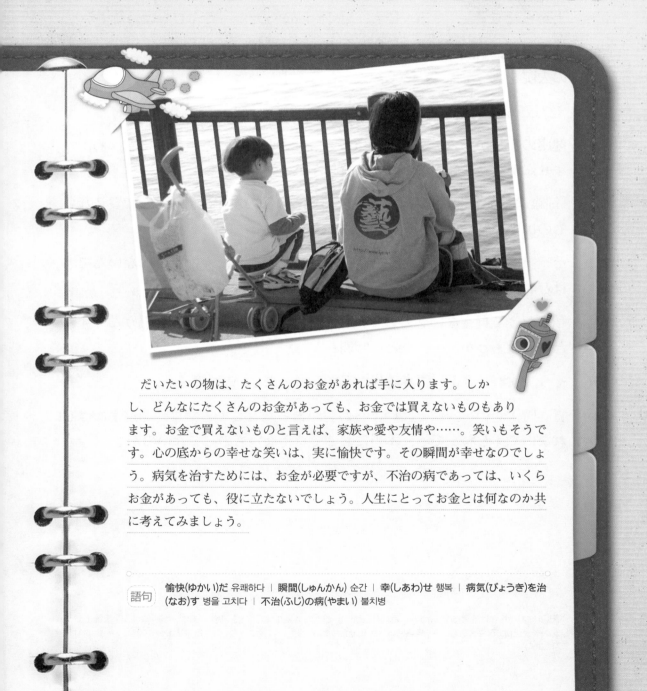

　だいたいの物は、たくさんのお金があれば手に入ります。しかし、どんなにたくさんのお金があっても、お金では買えないものもあります。お金で買えないものと言えば、家族や愛や友情や……。笑いもそうです。心の底からの幸せな笑いは、実に愉快です。その瞬間が幸せなのでしょう。病気を治すためには、お金が必要ですが、不治の病であっては、いくらお金があっても、役に立たないでしょう。人生にとってお金とは何なのか共に考えてみましょう。

語句　**愉快(ゆかい)だ** 유쾌하다 | **瞬間(しゅんかん)** 순간 | **幸(しあわ)せ** 행복 | **病気(びょうき)を治(なお)す** 병을 고치다 | **不治(ふじ)の病(やまい)** 불치병

状況 野球のグランド、久しぶりに吉田さんが野球の練習に参加して。　　Track **028**

ホン　あれ、吉田さん、久しぶりですね。もう、大丈夫なんですか。

吉田　はい、もう大丈夫です。ご心配をおかけしました。

ホン　よかったですよ、本当。でも、早く野球やりたかったんじゃないですか。

吉田　本当はね。病院では野球なんて絶対できっこないですからね。でも、今回の入院をきっかけにいろんなことを考えましたよ。

ホン　え？　どんなことをですか。

吉田　健康のありがたみですよ。病気で入院でもしないことには、これはわかりませんからね。健康はお金では買えないって思いましたよ。

ホン　「健康はお金では買えない」か……。でも、私の友達に、「お金で買えないものはない」って、言う人がいるんですよ。

吉田　そうですか。薬を買うとか、手術を受けるとか、そんな話ではないんですけどね。「健康でいる」ということがどんなに難しいことか。

ホン　私もお金で買えないものって、たくさんあるんじゃないかと思うんですけどね。兄弟とか……、あと、時間とか。

吉田　そうですね。確かに青春時代なんて二度と来ないですからね。

ホン　青春時代か……。たとえいくらお金があったとしてもプロ野球選手にはなれないですしね。でも、本当にお金で買えないものってないのかな。

語句 心配(しんぱい)をかける 걱정을 끼치다 | 絶対(ぜったい) 절대 | 入院(にゅういん) 입원 | ありがたみ 고마움 | 手術(しゅじゅつ)を受(う)ける 수술을 받다 | 青春時代(せいしゅんじだい) 청춘 시대, 청춘 시절 | 二度(にど)と来(こ)ない 두 번 다시 오지 않는다

クイズ

クイズⅠ ダイアローグの内容からの質問です。

1 吉田さんが入院をきっかけに考えたことは何ですか。

2 健康のほかにどんなものが「お金で買えない」と話していますか。

クイズⅡ 次のクイズに答えなさい。

　お金が一番大事かどうかはわかりませんが、確かに必要なものです。皆さんは無駄遣いをしていませんか。さて、今日のクイズはお金に関係があることわざからです。○の中にひらがな一字を入れてことわざを完成させてください。

ことわざ1　○○より高いものはない

ことわざ2　いつまでもあると思うな○○と金
　　　　　　→ ヒント ○○はお金以上に大切です。

ことわざ3　○○に小判
　　　　　　→ ヒント ○○は動物です。小判は金でできたお金です。
　　　　　　　　　江戸時代頃に使われていました。

ことわざ4　○○○○買いの銭失い
　　　　　　→ ヒント ○○○○ばかり買うと、すぐ壊れたりして使えなくなり、また新しい物を買わ
　　　　　　　　　なければならなくなります。そうすると、どうなりますか。

お金は大切に使いましょう。
借金しすぎて、「○○が回らない」なんてことにならないように！！
→ ヒント ○○は体のある部分ですよ。

語句 **無駄遣(むだづか)い** 낭비, 헛되이 씀 ｜ **ことわざ** 속담 ｜ **小判(こばん)** 에도 시대의 타원형의 금화 ｜ **銭(ぜに)** 엽전, 화폐, 돈 ｜
失(うしな)い 잃어버림, 잃음 ｜ **壊(こわ)れる** 부서지다, 고장나다, 파손되다 ｜ **借金(しゃっきん)** 빚

1 ～っこない ：日常会話でよく使われ、「絶対に～ない」の意味。 Track 029

A：❶対戦相手はかなり❷レベルが高いようです。

B：それじゃ❸勝てっこないですね。

A：でも最初から諦めていてはダメですよ。

B：そうですね。とにかく頑張りましょう。

❶ ライバル社の企画　　　　❷ 内容がいい
❸ 今度の落礼うまくいきっこ

2 ～をきっかけに ：文の前では契機になったできごとを、文の後ろでは Track 030
新しく変化したできごとが述べられる。

A：❶彼女といつから仲良くなったんですか。

B：❷山登りに一緒に行ったのをきっかけに❸仲良くなりました。

A：そうですか。楽しそうですね。

B：でも、まだ二週間ですけどね。

❶ 柔道を始めた　　　　❷ 父に勧められたの
❸ 始めました

3 ～ないことには ：文の後件のためには、文の前件が必要だという Track 031
意味を表す。

A：❶温泉に関する記事を書いてください。

B：ではまず明日、❷写真を撮りに行ってきます。

A：そうですね。❸写真がないことには記事が書けませんからね。

B：はい。おもしろい記事になるようにがんばります。

❶ 景気　　　　　　　　　　❷ インタビューをし
❸ インタビューをし

次の会話文で単語や表現を入れ替えて会話練習をしてみましょう。

④ **〜ことか**：程度や量が著しいという意味の感情が込められた表現。 `Track 032`

A：昨日子供が❶デパートで迷子になりました。

B：まあ、❷それはどんなに心配だったことか。

A：迎えに行ったら泣いていました。

B：❸これからは手をはなさない方がいいですよ。

- - - - - - - -

❶ 一人でキャンプに行ってきました

❷ お子さんはどんなに心細かった

❸ でも、自立心を育てるようにした

⑤ **たとえ〜としても**：「どんな場合であっても」という意味。 `Track 033`

A：どうして企画書を早く出さないんですか。

B：❶この企画はうまく行きそうにないので、やる気がでません。

A：たとえ❷うまくいかなかったとしても、❸そこから学ぶものは大きいですよ。

B：そうですね。すみませんでした。

- - - - - - - -

❶ 一緒に企画を進めている加藤さんが非協力的な

❷ 二人の仲が悪い

❸ 仕事は仕事

語句　対戦相手(たいせんあいて) 대전 상대 ｜ ライバル社(しゃ) 경쟁사 ｜ 企画(きかく) 기획 ｜ 落札(らくさつ) 낙찰 ｜ 柔道(じゅうどう) 유도 ｜ 勧(すす)める 추천하다 ｜ 景気(けいき) 경기 ｜ 〜に対(たい)する 〜에 대하다, 〜에 비하다 ｜ 迷子(まいご)になる 미아가 되다 ｜ 迎(むか)え 마중 ｜ 手(て)をはなす 손을 놓다 ｜ 心細(こころぼそ)い 불안하다, 허전하다 ｜ 自立心(じりつしん) 자립심 ｜ 企画書(きかくしょ) 기획서 ｜ 非協力的(ひきょうりょくてき)だ 비협력적이다

フリートーキング

◉ お金とは？

A

　お金は「生活充実の手段」だと思います。お金があれば高価な物を買える。好きなことができる。けれど、お金があることだけで「幸せ」かといえばそうではないと思います。私は今まで、「幸せ」は全てお金によって満たされていると感じたことはありません。私は、これからも欲をはらずバランスよくお金と精神面を満たして生きていくことが理想です。お金を沢山持っていて、人の心や気持ちまで買えるという考えを持つのは決して良いことではないと思います。

B

　私にとってお金とは生きていくのに必要なものです。お金がなければ住むことも食べることも洋服を買うこともできません。お金を持ってる人は一般的に心にも余裕があると思います。何をするにもお金がかかる世の中なので、あればあるだけいろんな面で余裕が持てると思います。でも最近お金と同じぐらい大切だと思うのは「時間」です。時間はお金では買えません。また、取り戻すこともできません。お金と時間があるとそれなりに満足する生活ができるのではないかと思います。

語句　充実(じゅうじつ) 충실 ｜ 手段(しゅだん) 수단 ｜ 高価(こうか)だ 고가다, 값이 비싸다 ｜ 満(み)たす 채우다, 만족시키다 ｜ 欲(よく)をはらず 욕심내지 않고 ｜ 精神面(せいしんめん) 정신면 ｜ 生(い)きていく 살아 가다 ｜ 理想(りそう) 이상 ｜ 余裕(よゆう) 여유 ｜ 世(よ)の中(なか) 세상 ｜ 取(と)り戻(もど)す 되돌리다 ｜ かけがえのない 둘도 없는 ｜ 思(おも)い出(で) 추억 ｜ 価値観(かちかん) 가치관

PART I 次の問いに答えなさい。

問題1 Aは何と何を満たして生きていくことが理想だと言っていますか。

問題2 Bは何と何があると満足した生活ができると言っていますか。

問題3 Aはお金とは「生活充実の手段」と言っているのに対して、Bは何と言っていますか。

問題4 AとBの一番の違いは何ですか。

問題5 Bでお金を持っている人はどうであると言っていますか。

問題6 Bは、お金で買えないものは何だと言っていますか。

PART II 応用会話

1. あなたが考えるお金で買えないものとは何ですか。それはなぜですか。

2. 「お金があったら何でもできる」という言葉を聞いてどう思いますか。

3. 「お金で買えるもの」、「お金で買えないもの」を考えてみましょう。

4. お金では買うことができない、かけがえのない瞬間や思い出について話しましょう。

5. どんなときに「お金では買えないものがあるなあ」と感じますか。

6. もしこの世の中にお金がなかったら、どうなると思いますか。

7. あなたが考えるお金に対する価値観を話してみましょう。

会話のキーワード

- **満足する**：만족하다
- **お金自体に価値はない**：돈 자체에 가치는 없다
- **人の心はお金で買える**：사람 마음은 돈으로 살 수 있다
- **お金とは人を動かす力を持っているものである**：돈이란 사람을 움직이는 힘을 갖고 있는 것이다
- **お金とは危険(きけん)なものである**：돈이란 위험한 것이다
- **お金とは人生を誤(あやま)らせるものである**：돈이란 인생을 그르치게 하는 것이다
- **お金とは可能性を広げてくれるものである**：돈이란 가능성을 넓혀 주는 것이다
- **お金を有効(ゆうこう)に使う**：돈을 유용하게 사용하다

- ☐ 団(だん)らん 단란
- ☐ 姉妹(しまい) 자매
- ☐ 愛(あい) 사랑
- ☐ 学生時代(がくせいじだい) 학창 시절
- ☐ 夢(ゆめ) 꿈
- ☐ 希望(きぼう) 희망
- ☐ 平和(へいわ) 평화
- ☐ 友情(ゆうじょう) 우정
- ☐ 泥(どろ)んこ遊(あそ)び 흙장난
- ☐ ままごと 소꿉질, 소꿉 장난
- ☐ 幼(おさな)なじみ 어렸을 때부터 친하게 지낸 사이, 소꿉친구
- ☐ 独立(どくりつ) 독립
- ☐ 平等(びょうどう) 평등
- ☐ 生命(せいめい) 생명

- ☐ 健康(けんこう) 건강
- ☐ 安全(あんぜん) 안전
- ☐ 人格(じんかく) 인격
- ☐ 理想(りそう) 이상
- ☐ 倫理(りんり) 윤리
- ☐ 哲学(てつがく) 철학
- ☐ 思考方式(しこうほうしき) 사고방식
- ☐ 知恵(ちえ) 지혜
- ☐ 幸福(こうふく) 행복
- ☐ 魂(たましい) 영혼, 혼, 얼, 정신
- ☐ 精神(せいしん) 정신
- ☐ 運(うん) 운
- ☐ 才能(さいのう) 재능
- ☐ 自由(じゆう) 자유

第6課
友達

　人生の４分の１にも相当する学生時代に出会った友達とは、いろんな思い出があるでしょう。初恋を語り合ったこともあれば、いろいろな夢を語り合ったこともあるでしょう。プライベートなことやいろいろな悩みを相談できるのも、やはり親友です。だんだん大人になってくると、子供の頃にくらべて、新しい友達は作りにくくなります。一人でもいいから素晴らしい本当の友を持ちたいものです。今までの、そして、これからのかけがえのない友達を大切にしましょう。

語句　**相当(そうとう)する** 상당하다 ｜ **初恋(はつこい)** 첫사랑 ｜ **語(かた)り合(あ)う** 서로 이야기를 주고 받다 ｜ **悩(なや)み** 고민 ｜ **相談(そうだん)する** 상담하다 ｜ **親友(しんゆう)** 친한 친구

ダイアローグ

状況 大学近くのカフェでコーヒーを飲みながら。　　　　Track **035**

ホン　最近、サークルのみんなが集まることってずいぶん減りましたね。

阿部　そうですね。みんな試験やら就職活動やらでサークルどころじゃないんでしょうね。

ホン　遊んでばかりいるわけにもいかないですしね。阿部さんって、子供の頃どんなことして遊んでたんですか。

阿部　そうですね。女の子の友達とお人形で遊んでたかな。ホンさんは？

ホン　私は暇さえあれば野球してましたね。そして、夏だったらそのまま川に行って暗くなるまで泳いだものです。本当毎日が楽しかったですね。

阿部　へぇ～、その時の友達とは今もよく会ってるんですか。

ホン　はい。田舎に帰った時には一緒にお酒を飲んだりしてますよ。阿部さんは？

阿部　私が一番仲良かった友達は、小学校6年生の時に転校して、それっきり会ってないんですよね。会ってみたいな～。

ホン　最近「お金で買えないもの」っていう話をしたばかりなんですけど、友達もその一つかな。あの頃に戻りたいですね。

阿部　そうですね。これから社会人になって、あの頃みたいな友達ってできるんでしょうかね。

語句　集(あつ)まる 모이다 ｜ ずいぶん 상당히, 꽤 ｜ 就職活動(しゅうしょくかつどう) 취직활동 ｜ 子供(こども)の頃(ころ) 어린 시절, 어렸을 때 ｜ 転校(てんこう)する 전학가다

クイズ

クイズI ダイアローグの内容からの質問です。

1 どうして最近サークルのみんなが集まることが少なくなりましたか。

2 二人は仲が良かった友達と今でも会っていますか。

クイズII 次のクイズに答えなさい。

今日のクイズは漢字です。今日のテーマに関係があることばを集めました。
□の中に共通する漢字を一字入れて、ことばを作ってください。

1

漢字の読み方も考えてくださいね。

パターントレーニング

1　〜やら：ものごとを列挙するときに使う。列挙の用法の中でも特に　　`Track 036`
整理されていない様子を表す。

A：ここの❶アンティークショップには❷絵やら❸皿やらが、
たくさんあります。

B：それは面白そうですね。

A：行ってみたいですか。

B：ぜひお願いします。

❶ デパ地下　　　　　　　　❷ 中華料理
❸ 和食

2　〜どころじゃない：「そのような動作・活動ができる状況では　　`Track 037`
ない」という意味。

A：どこへ行くんですか。

B：❶サッカー観戦です。

A：え？ 今日は❷台風が来るんですよ。

B：本当ですか。 これは❸サッカー観戦どころじゃありませ
んね。

❶ ピアノ教室　　　　　　　❷ 広末涼子が映画の撮影に
❸ ピアノ

3　〜さえ〜ば：「唯一の条件が満たされれば」の意味。　　`Track 038`
また反事実表現にもよく使われる。

A：❶交通事故にあって入院してしまいました。

B：大変でしたね。

A：❷足の傷さえ治れば退院できるのですが。

B：でも、❸軽くすんでよかったですね。

❶ 勤めていた会社が倒産して
❷ 仕事さえみつかれば彼女と結婚
❸ 捨てられなくて

次の会話文で単語や表現を入れ替えて会話練習をしてみましょう。

④ 〜ものだ : 過去を回想する表現。

Track 039

A : ❶学生の頃は❷この喫茶店によく行ったものです。

B : 私もよく❸行きました。

A : ❹フルーツパフェが安くておいしかったですよね。

B : なつかしい思い出がいっぱいですよね。

❶ 小さい
❷ 空き地で草野球をよくやった
❸ やりました
❹ 今は空き地がなくなりました

⑤ 〜きり : 「前の文をしたあとで、ずっと〜」の意味。

Track 040

A : ❶お久しぶりです。

B : ❷アメリカに行ったきり❸連絡がなかったのでどうしているかと思っていました。

A : やっと❹日本に戻りました。

B : 本当に久しぶりで、うれしいです。

❶ 今夜は本格的なインドカレー
❷ 1年前に食べた
❸ 食べていないのでまた食べたい
❹ 作り方を教わりました

語句 | **デパ地下(ちか)** 백화점 지하 | **中華料理(ちゅうかりょうり)** 중화요리 | **和食(わしょく)** 일식 | **映画(えいが)の撮影(さつえい)** 영화촬영 | **交通事故(こうつうじこ)** 교통사고 | **入院(にゅういん)する** 입원하다 | **治(なお)る** 낫다, 고쳐지다 | **退院(たいいん)する** 퇴원하다 | **倒産(とうさん)する** 도산하다, 부도나다 | **空(あ)き地(ち)** 공터 | **草野球(くさやきゅう)** 동네 야구 | **本格的(ほんかくてき)だ** 본격적이다

フリートーキング

● 友達(人間関係)

A

Track 041

　良い人間関係を築くためには、「自分を相手に良く見せる」「相手を良く見ようとする」心掛けが必要だと思います。良い人間関係を築くのは、その人の性格なども影響するのでとても難しいことです。しかし、少しの気遣いで、ずいぶんと人間関係は円滑になります。たとえば「常に笑顔を心掛ける」ことや「話を聞くとき程よく相づちを打つ」などといったことです。人間は、笑顔の人や自分の話を好意的に聞いてくれる人には良い印象を持ちます。このような小さなことから良い人間関係を築くことができるのです。

B

Track 041-01

　「思いやりの気持ちを持っている」といっても、うわべだけでは良い人間関係を築くことはできないと思います。相手への思いやりの気持ちは積極的にアピールすることが大切です。思いやって行動したとしても、それが相手に通じていなかったら意味がないからです。そして、2つ目に大事なことは顔の表情だと思います。常に笑顔の人を見るとやはり好印象を持ちます。ネガティブな表情をしている人には近寄りがたいものです。思いやりの気持ちがある人は自然に顔の表情も良くなるのだと思います。

語句 | **心掛(こころが)け** 마음을 씀 | **人間関係(にんげんかんけい)を築(きず)く** 인간관계를 형성하다 | **影響(えいきょう)** 영향 | **気遣(きづか)い** 배려, 신경을 씀 | **円滑(えんかつ)だ** 원활하다 | **笑顔(えがお)を心掛(こころが)ける** 웃는 얼굴에 마음을 쓰다 | **ほどよく** 적당히, 적당하게 | **相(あい)づちを打(う)つ** 맞장구를 치다 | **好意的(こういてき)だ** 호의적이다 | **印象(いんしょう)** 인상 | **うわべ** 겉면, 외견, 표면 | **思(おも)いやり** 배려 | **積極的(せっきょくてき)だ** 적극적이다 | **好印象(こういんしょう)** 좋은 인상 | **近寄(ちかよ)りがたい** 가까이 하기 어렵다

PART I 次の問いに答えなさい。

問題1 AとBに共通する良い人間関係を築くために大切なことは何ですか。

問題2 AとBでは笑顔の人には相手はどのような印象を持ちますか。

問題3 Aで笑顔以外で大切なことは何だと言っていますか。

問題4 Aの文章で、少しの気遣いで人間関係はどうなると言っていますか。

問題5 Bで顔の表情以外で大切なことは何だと言っていますか。

問題6 Bで思いやりの気持ちをどのように表す必要がありますか。

PART II 応用会話

1. 子供の頃、友達と何をして遊んでいましたか? 詳しく話しましょう。

2. いつ(小学校、中学校、高校、大学)の友達と今でもよく会いますか。
   そして、会ったときどんな話をしますか。

3. 友達(人間)関係で気をつけていることはありますか。

4. あなたにとって友達とはどういう存在ですか。

5. 「友達っていいな」と思うときはどんなときですか。

6. 友達とけんかしたことがありますか。それはどうしてですか。

7. 学生時代の友達との思い出について話してみましょう。または、学生の人は今まで
   でで一番印象に残っている友達との思い出について話してみましょう。

会話のキーワード

- **親友**：단짝(친한 사람)
- **楽しい時間、趣味などを共有(きょうゆう)できる存在**：즐거운 시간, 취미 등을 공유할 수 있는 존재
- **新たな自分を見つけてくれる存在**：새로운 자신을 찾아 주는 존재
- **視野と世界が広がる貴重(きちょう)な存在**：시야와 세계가 넓어지는 귀중한 존재
- **さまざまな場面で共感できる、かけがえのない人**：다양한 장면에서 공감할 수 있는, 더할 나위 없이 소중한 사람
- **自分にとってプラスになることを言ってくれる人**：나에게 플러스가 될만한 것을 얘기해주는 사람
- **切磋琢磨(せっさたくま)し合った友達**：절차탁마(옥이나 돌 따위를 갈고 닦아서 빛을 낸다는 뜻으로, 부지런히 학문과 덕행을 닦음을 이르는 말)하는 친구

- ☐ 旧友(きゅうゆう) 오랜 친구
- ☐ 級友(きゅうゆう) 급우
- ☐ 学友(がくゆう) 학우
- ☐ 先輩(せんぱい) 선배
- ☐ 後輩(こうはい) 후배
- ☐ 同期(どうき) 동기
- ☐ 同級生(どうきゅうせい) 동급생
- ☐ 仲間(なかま) 동료
- ☐ 同性(どうせい) 동성
- ☐ 異性(いせい) 이성
- ☐ 縁(えん)がある 인연이 있다.
- ☐ けんか 싸움
- ☐ 口(くち)げんか 말싸움
- ☐ 仲直(なかなお)り 화해
- ☐ ライバル 라이벌, 경쟁상대
- ☐ 競争心(きょうそうしん) 경쟁심
- ☐ いじめ 괴롭힘, 구박, 못살게 굶

- ☐ からかう 조롱하다, 놀리다
- ☐ 裏切(うらぎ)り 배신, 배반
- ☐ 友情(ゆうじょう) 우정
- ☐ 地元(じもと) 자기 생활의 근거지, 자기가 살고 있는 지역
- ☐ 青春(せいしゅん) 청춘
- ☐ 助(たす)け合(あ)う 서로 돕다, 돕고 도와주다
- ☐ 出身校(しゅっしんこう) 출신 학교
- ☐ きずな 끈끈한 정, 유대, 기반, 고삐
- ☐ 絶交(ぜっこう) 절교
- ☐ 嫉妬(しっと) 질투
- ☐ 若(わか)さ 젊음
- ☐ 恐(こわ)くない 무섭지 않다
- ☐ 涙(なみだ) 눈물
- ☐ 2度(ど)と戻(もど)らない 두 번 다시 돌아가지 않는다

住宅・家

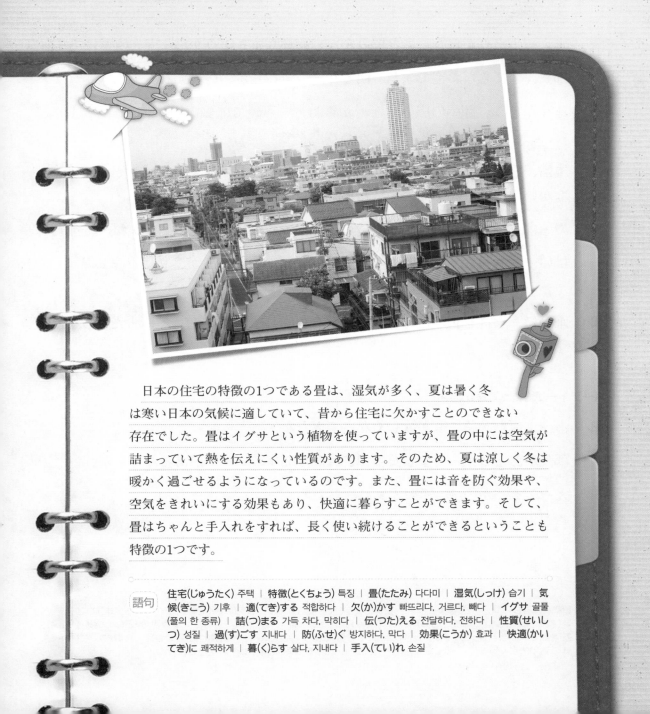

　日本の住宅の特徴の1つである畳は、湿気が多く、夏は暑く冬は寒い日本の気候に適していて、昔から住宅に欠かすことのできない存在でした。畳はイグサという植物を使っていますが、畳の中には空気が詰まっていて熱を伝えにくい性質があります。そのため、夏は涼しく冬は暖かく過ごせるようになっているのです。また、畳には音を防ぐ効果や、空気をきれいにする効果もあり、快適に暮らすことができます。そして、畳はちゃんと手入れをすれば、長く使い続けることができるということも特徴の1つです。

語句　**住宅(じゅうたく)** 주택 ｜ **特徴(とくちょう)** 특징 ｜ **畳(たたみ)** 다다미 ｜ **湿気(しっけ)** 습기 ｜ **気候(きこう)** 기후 ｜ **適(てき)する** 적합하다 ｜ **欠(か)かす** 빠뜨리다, 거르다, 빼다 ｜ **イグサ** 골풀(풀의 한 종류) ｜ **詰(つ)まる** 가득 차다, 막히다 ｜ **伝(つた)える** 전달하다, 전하다 ｜ **性質(せいしつ)** 성질 ｜ **過(す)ごす** 지내다 ｜ **防(ふせ)ぐ** 방지하다, 막다 ｜ **効果(こうか)** 효과 ｜ **快適(かいてき)に** 쾌적하게 ｜ **暮(く)らす** 살다, 지내다 ｜ **手入(てい)れ** 손질

ダイアローグ

● パーティーの前に

吉田　部長、今日はお招きいただきありがとうございます。これ、シャンパンです。私達からのお祝いです。

部長　ええっ！ありがとう。あとでみんなで乾杯しましょうか。

キム　部長、すてきなお宅ですね。明るくて、気持ちがいいですね。

部長　ありがとう。部屋の広さはともかくね、一戸建てにしろ、マンションにしろ、とにかく太陽の光にはこだわりたくて。

キム　本当、日当たり最高ですね。実は、私今部屋を探してるんですけど、なかなかいい物件がなくて困ってるんです。

部長　やっぱり、駅から近くて、家賃も割と安い所がいいんでしょうかね。

キム　はい、もちろん、できればそういう部屋がいいんですが、私はセキュリティーのしっかりしたところを探してるんです。

吉田　確かに、女性を狙った犯罪は減るどころか、ますます増える一方だそうですからね。

● パーティーが終わって帰る途中

吉田　あ〜、何だか急に家が欲しくなってきたなぁ。

キム　部長がおっしゃってましたよ。これから35年のローンがあるんだとか。

吉田　えっ？そうか……、それがありましたね。

語句　新築祝(しんちくいわ)い 신축 축하 집들이 ｜ 招待(しょうたい)する 초대하다 ｜ お祝(いわ)い 축하 ｜ 一戸建(いっこだ)て 단독주택 ｜ 太陽(たいよう)の光(ひかり) 햇빛 ｜ 日当(ひあ)たり 볕이 듦 ｜ 困(こま)る 곤란하다 ｜ 家賃(やちん) 방세, 월세 ｜ 割(わり)と 비교적 ｜ しっかりする 견고하다, 튼실하다 ｜ 狙(ねら)う 겨누다, 노리다 ｜ 犯罪(はんざい) 범죄 ｜ ますます 점점 더 ｜ 途中(とちゅう) 도중 ｜ 何(なん)だか 왠지, 뭔가 ｜ おっしゃる 말씀하시다 ｜ ローン 대부, 대부금

クイズ

クイズⅠ ダイアローグの内容からの質問です。

1　部長がこだわったのは何ですか。

2　キムさんが部屋探しで重視するのは何ですか。

クイズⅡ 次のクイズに答えなさい。

　部屋を借りる時、皆さんは何を重視しますか。下にあるのは、多くの日本人が部屋を借りる時に重視するものです。さて、今日のクイズです。多くの日本人は何を重視するでしょうか。

1　家賃

　　収入の＿＿＿＿＿＿＿＿＿％ぐらいがいいそうです。

2　＿＿＿＿＿＿＿＿＿がいい部屋

　　気持ちがいいのは＿＿＿＿＿＿＿＿＿向きですね。明るいですから。

3　あった方がいいもの・ない方がいいもの

　　近くに＿＿＿＿＿＿＿＿＿や＿＿＿＿＿＿＿＿＿があるととても便利です。

　　反対に、家の前に大きな＿＿＿＿＿＿＿＿＿があるとうるさいです。

4　＿＿＿＿＿＿＿＿＿と＿＿＿＿＿＿＿＿＿

　　別々の方がいいそうです。やっぱり狭いですからね。ゆっくりしたい人には……。

5　＿＿＿＿＿＿＿＿＿

　　これがあると、＿＿＿＿＿＿＿＿＿や＿＿＿＿＿＿＿＿＿を＿＿＿＿＿＿＿＿＿ことができますからね。

　　日本人は特にこれが好きかも知れません。

　　家賃が安くてこんな部屋があったらいいのですが……。

語句　部屋探(へやさが)し 방 찾기 ｜ 収入(しゅうにゅう) 수입 ｜ ～向(む)き ～향(집 창문 방향) ｜ 別々(べつべつ) 따로따로

パターントレーニング

1 **〜はともかく** ：前の話題は置いておいて、より重要な話題を後ろに表す。 `Track 043`

A：駅前に新しい❶レストランができましたね。

B：❷味はともかく、❸値段は安いらしいですよ。

A：そうですか。一度行ってみたいですね。

B：じゃ、今から行きましょう。

❶ ホテル　　　　　　　　　❷ 外見
❸ 中のインテリアはいい

2 **〜にしろ〜にしろ** ：二つの例を挙げて説明するときに使う。 `Track 044`

A：真剣な顔をしてどうしたんですか。

B：❶この服を買いたいのですが、迷っています。

A：❷買うにしろ❸買わないにしろ❹着てみたらいいですよ。

B：そうですね。

❶ 留学するか進学するか　　❷ 留学
❸ 進学　　　　　　　　　　❹ 勉強はしておいた方が

3 **〜どころか** ： 前に言った事実と正反対のことや予想や期待とは違う `Track 045`
　　　　　　　　　事実を言うときに使う。

A：今日は忙しくて❶掃除どころか❷夕食もまだ作っていません。

B：それは大変ですね。

A：そろそろ❸主人が帰ってくる時間です。

B：今から頑張ってください。

❶ 勉強する　　　　　　　　❷ 宿題もまだしていません
❸ 大学へ行く

次の会話文で単語や表現を入れ替えて会話練習をしてみましょう。

④ **〜一方**：変化が一つの方向に進んでいることを表す表現。 Track 046

A：最近、いかがお過ごしですか。

B：^❶<u>いつも以上に働いてい</u>ます。

A：不景気ですからね。

B：そうですね。不景気の影響で^❷<u>業績が落ちる</u>一方です。

---
❶ リストラされて公務員試験の準備をして
❷ 公務員人気は上がる

⑤ **〜とか**：伝聞の表現でやや不確かなことを述べるときに使う。 Track 047

A：^❶<u>部長が見え</u>ませんが。

B：^❷<u>昨日ハワイへ行った</u>とか。

A：そうですか。

B：^❸<u>1週間で</u>戻ってきますよ。

---
❶ 先生が来てい
❷ 急な会議が入った
❸ すぐ

語句 | **外見(がいけん)** 외견 | **インテリア** 인테리어 | **真剣(しんけん)だ** 진지하다 | **迷(まよ)う** 헤매다, 망설이다, 갈팡질팡하다 |
留学(りゅうがく)する 유학 가다 | **進学(しんがく)する** 진학하다 | **不景気(ふけいき)** 불경기 | **業績(ぎょうせき)** 업적 |
リストラ 구조조정, 명예퇴직

フリートーキング

◉ 家探し

A
Track **048**

　私は家探しをするとき、気に入る物件が見つかるまでは、あきらめずに探し続けます。今の家はインターネットで情報収集をしたり、不動産会社に行ったりあらゆる方法で探しました。家探しの最低条件として、「バス・トイレ別」、「大きいリビングルームの他にもう一つ部屋があること」、「家賃15万円以内」の３つでした。初めはなかなか気に入る物件が見つかりませんでしたが、気に入ったところが見つかるまで、マイペースにゆっくり探していこうと思っていたところ、今の物件に巡り合いました。今は毎日快適な暮らしをしています。

B
Track **048-01**

　私は、結婚を機に二人で一緒に暮らすことになり、部屋探しを始めました。まずインターネットで探し、実際に物件を見に行って決めました。部屋を探すにあたっての条件は、「バス・トイレ別」、「静かな街でありつつも都心へのアクセスがいいこと」、「リビングが広いこと」の３つでしたが、物件を見るたびに、目移りしてしまい、なかなか決められませんでした。今の家に決めた理由は、シンプルで、木材仕上げの落ち着いた感じが、とても気に入ったことと、通勤に便利なことからでした。悩んだ分、今はとても満足しており、リラックスできるくつろぎの時間を楽しんでいます。

語句 **情報収集(じょうほうしゅうしゅう)** 정보 수집 | **不動産会社(ふどうさんがいしゃ)** 부동산 회사 | **あらゆる** 모든, 온갖, 일체 | **最低条件(さいていじょうけん)** 최저 조건 | **独立(どくりつ)する** 독립하다 | **巡(めぐ)り合(あ)う** 우연히 만나다, 해후하다, 상봉하다 | **快適(かいてき)だ** 쾌적하다 | **暮(く)らし** 생활 | **～を機(き)に** ～을 계기로 | **～でありつつも** ～(이)면서도 | **アクセス** 접근, 교통수단 | **目移(めうつ)りする** 다른 곳에 눈을 돌리다 | **木材(もくざい)** 목재 | **仕上(しあ)げ** 마무리, 완성 | **落(お)ち着(つ)く** 안정되다, 진정되다 | **悩(なや)む** 고민하다 | **くつろぎ** 편히 쉼, 유유자적 | **住宅事情(じゅうたくじじょう)** 주택 사정 | **入居(にゅうきょ)** 입주 | **退去(たいきょ)** 퇴거 | **具体的(ぐたいてき)に** 구체적으로

PARTⅠ 次の問いに答えなさい。

問題1 AとBともにこだわっている家を探す上での条件は何ですか。

問題2 A・Bはそれぞれどのように家探しをしましたか。

問題3 Aは今、どのような暮らしをしていますか。

問題4 AもBも初めはなかなか決まらなかったと言っていますが、なぜですか。

問題5 Bでは最終的にどんなことが気に入り、家を決めましたか。

問題6 Bはどんな時間を送っていると言っていますか。

PARTⅡ 応用会話

1. あなたの家探しの方法を教えてください。(住宅について、重視するものなど)

2. あなたは一戸建てがいいですか。それともマンションがいいですか。
   それはなぜですか。

3. あなたは今どんな家に住んでいますか。(内装なども含めて)

4. あなたの国の住宅事情を教えてください。

5. 住宅の周りの環境について、重視するものは何ですか。

6. あなたの国では住まいへの入居または退去のときにはどうすれば良いですか。

7. あなたはどんな家に住みたいですか。(具体的に話しましょう)

会話のキーワード

- **住宅の広さ・間取(まど)り**:주택의 넓이·방의 배치
- **収納(しゅうのう)スペース**:수납 공간
- **住宅の防犯性(ぼうはんせい)**:주택의 방범성
- **住宅の維持や管理のしやすさ**:주택 유지나 관리의 용이성
- **価格(ローンなど)**:가격(할부 등)
- **治安・犯罪発生の状況**:치안·범죄발생의 상황
- **通勤・通学の利便性**:통근·통학의 편리성
- **買い物や医療・福祉施設(ふくししせつ)などの利便性**:쇼핑이나 의료·복지시설 등의 편리성

- [ ] **集合住宅(しゅうごうじゅうたく)**
  모여있는 주택, 주택 단지
- [ ] **表札(ひょうさつ)** 문패, 표찰
- [ ] **垣根(かきね)** 울타리
- [ ] **玄関(げんかん)** 현관
- [ ] **げた箱(ばこ)** 신발장
- [ ] **居間(いま)** 거실
- [ ] **和室(わしつ)** 일본식 방
- [ ] **〜畳(じょう)** 다다미 수를 세는 말
  (2畳 =1평 정도)
- [ ] **床(とこ)の間(ま)** 일본 건축에서, 객실인 다다미 방의 정면에, 바닥을 한 층 높여 만들어 놓은 곳. (벽에는 족자를 걸고, 바닥에 도자기 · 꽃병 등을 장식해 두는 곳)
- [ ] **障子(しょうじ)** 장지, 미닫이 문
- [ ] **ふすま** 맹장지
- [ ] **押(お)し入(い)れ** 벽장
- [ ] **掛(か)け布団(ぶとん)** 덮는 이불
- [ ] **敷(し)き布団(ぶとん)** 바닥에 까는 이불
- [ ] **枕(まくら)** 베개
- [ ] **シーツ** 시트
- [ ] **神棚(かみだな)** 집 안에 신위(神位)를 모셔 두고 제사 지내는 선반

- [ ] **仏壇(ぶつだん)** 불단
- [ ] **こたつ** 고타츠. 일본의 실내 난방 장치의 하나
- [ ] **雨戸(あまど)** 빈지문, 덧문
- [ ] **網戸(あみど)** 방충망
- [ ] **すだれ** (볕을 가리거나 하는 데 쓰는) 발
- [ ] **風鈴(ふうりん)** 풍경, 바람이 불면 소리가 나도록 매달아 놓은 방울
- [ ] **台所(だいどころ)** 부엌
- [ ] **換気扇(かんきせん)** 환풍기
- [ ] **湯沸(ゆわ)かし器(き)** 순간 온수기
- [ ] **米(こめ)びつ** 뒤주, 쌀통
- [ ] **食器乾燥機(しょっきかんそうき)**
  식기건조기
- [ ] **洋式(ようしき)トイレ** 서양식 화장실
- [ ] **和式(わしき)トイレ** 일본식 화장실 (재래식 화장실)
- [ ] **洋室(ようしつ)** 서양식 방
- [ ] **和室(わしつ)** 다다미 방
- [ ] **フローリング** 나무바닥 방

癖と性格

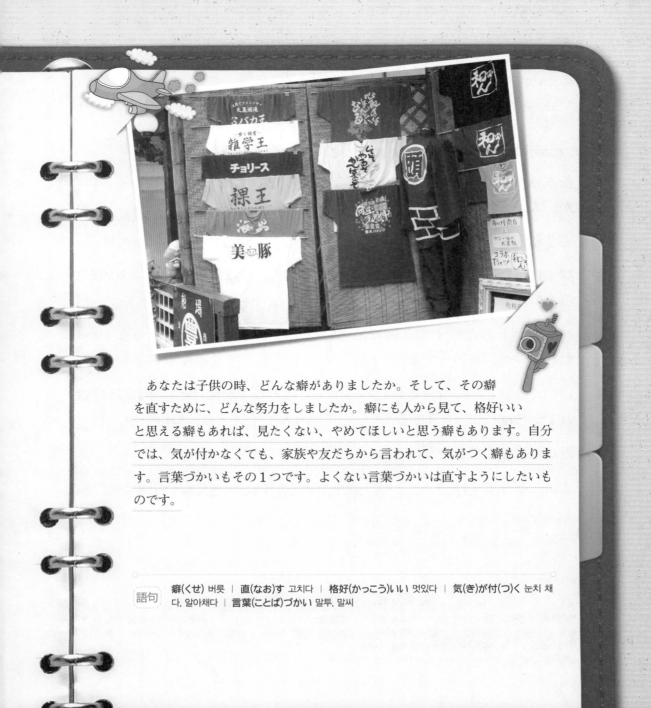

　あなたは子供の時、どんな癖がありましたか。そして、その癖
を直すために、どんな努力をしましたか。癖にも人から見て、格好いい
と思える癖もあれば、見たくない、やめてほしいと思う癖もあります。自分
では、気が付かなくても、家族や友だちから言われて、気がつく癖もありま
す。言葉づかいもその1つです。よくない言葉づかいは直すようにしたいも
のです。

語句　癖(くせ) 버릇 ｜ 直(なお)す 고치다 ｜ 格好(かっこう)いい 멋있다 ｜ 気(き)が付(つ)く 눈치 채다, 알아채다 ｜ 言葉(ことば)づかい 말투, 말씨

ダイアローグ

状況　大学の駐車場、これからドライブに行くところ。

松本　さぁ、どうぞ。中古車ですけど、なかなかいいでしょ。
　　　両親と何カ月も話し合った末にやっと許可が出たんです。

パク　へ～、格好いいじゃないですか。じゃ、失礼して……。

松本　あっ、パクさん、反対反対！そっちは運転席ですよ。

パク　あっ、そうだ。ここは日本だった。韓国では右側に乗るものですから、
　　　つい、いつもの癖で……＜バタンッ！！＞

● 運転中、松本さんは周りの車によく文句を言っている

パク　松本さんって、運転すると怒りっぽくなるんですね。性格が変わるという
　　　か、人が変わるというか……。

松本　え？私何か言ってましたか。自分では全然、気がつきませんでしたけど。

パク　癖や性格なんてそんなものかもしれませんね。私はペン回しをする癖があ
　　　るんですけど、先日アルバイト先で注意されちゃって……。

松本　ペンを落としたりすると周りに迷惑をかけてしまうこともありますから
　　　ね。で、ペンを持ってると、回さずにはいられなくなるんですか。

パク　いいえ、回さずにはいられないってことはありませんけど。それに注意さ
　　　れてからは特に「もうやるまい」って思うんですけどね、つい……。

松本　だから癖なんでしょうけどね。

パク　まあ、そうですけど。こういう癖をやめるいい方法ってないですかね？

語句　やっと 겨우, 간신히 ｜ 許可(きょか)が出(で)る 허가가 나다 ｜ 運転席(うんてんせき) 운전석 ｜ 文句(もんく)を言(い)う 불평
불만 하다 ｜ 怒(おこ)る 화내다, 화나다, 혼나다, 혼내다 ｜ 変(か)わる 변하다 ｜ ～というか ～이랄까 ｜ ペン回(まわ)し 펜 돌
리기 ｜ 先日(せんじつ) 일전, 요전 날 ｜ アルバイト先(さき) 아르바이트 하는 곳 ｜ 注意(ちゅうい)する 주의하다 ｜ 落(お)と
す 떨어뜨리다 ｜ 迷惑(めいわく)をかける 폐를 끼치다

クイズ

クイズⅠ ダイアローグの内容からの質問です。

1. パクさんはどうして運転席に座ろうとしましたか。

2. 松本さんは運転するとどうなりますか。

クイズⅡ 次のクイズに答えなさい。

　明るい人、優しい人、静かな人、いろんな性格の人がいます。「あなたはどんな人？」と聞かれたら、何と答えますか。自己紹介などでうまく言えると、早く覚えてくれるかもしれませんよ。さて、クイズです。下のような人の性格を表すことばは何でしょうか。下から選んでください。

1. 財布を持たないで、よく買い物に行く。

2. 机の上や中、引き出しの中などをいつもきちんと、きれいに整理している。

3. 2と反対の性格？仕事、料理、片付けなどであまり細かいことは気にしない。

4. 初めて会った人とはなかなか楽しく話せない。

5. テスト、仕事、スポーツの成績などでは誰にも負けたくない、人に負けるのが大嫌い。

人見知り(する)

負けず嫌い(な・の)　　きちょうめん(な)

おおざっぱ(な)　　そそっかしい

プラスのイメージなのか、マイナスのイメージなのか考えてくださいね。

語句 | 引(ひ)き出(だ)し 서랍 | 人見知(ひとみし)りする 낯을 가리다 | 負(ま)けず嫌(ぎら)いだ 지기 싫어하다 | おおざっぱ 대충, 엉성한 모양 | きちょうめんだ 꼼꼼하다 | そそっかしい 덜렁대다

パターントレーニング

1 〜末に ：「困難や苦労があった結果」という意味を表す。 `Track 050`

A：明日は彼氏の誕生日なんです。

B：^❶プレゼントは準備しましたか。

A：^❷考えに考えた末に、^❸時計を買いました。

B：それはきっとよろこびますよ。

❶ ケーキ   ❷ いろいろ悩んだ
❸ 手作りにしました

2 〜ものだから ：理由に驚きや意外さの意味が加わった表現。 `Track 051`

A：^❶1年で10キロ太ったものですから、^❷洋服のサイズが全部合わなくなってしまいました。

B：それは大変ですね。

A：そうなんです。

B：^❸スポーツジムへ行ったらいいですよ。

❶ 野菜を買いすぎた   ❷ 冷蔵庫に入らなく
❸ 料理してしまったら

3 〜っぽい ：「その要素・傾向が強い」の意味。 `Track 052`

A：うちの娘は^❶忘れっぽいので困ります。

B：^❷大きくなったら直りますよ。

A：それならいいのですが。

B：私も子供のころはそうでしたから。

❶ 飽き   ❷ 好きなことが見つかっ

次の会話文で単語や表現を入れ替えて会話練習をしてみましょう。

4 〜ずにはいられない ： 自分の意思ではどうしようもできず、自然に　Track **053**
そうなってしまうという意味の文章体。
会話体では「〜ないではいられない」が多く使われる。

A：先月、旅行で❶<u>ジャングル</u>に行ったんです。

B：それはすごいですね。

A：❷<u>野生動物</u>が多くて、❸<u>歩くだけでも危険を感じ</u>ずにはい<u>られません</u>でした。

B：そうでしょうね。

❶ ヨーロッパを一周した
❷ きれいな建物
❸ 写真を撮ら

5 〜まい ： 否定的な意志や推測を表す。「〜しない」の意味。　Track **054**

A：❶<u>同じ失敗は二度とする</u>まいと思っていたのですが、❷<u>やってしまいました。</u>

B：❸<u>まあ、しょうがないですよ。</u>

A：次は気をつけます。

B：でもたいしたことなくて、よかったです。

❶ アレルギーがあるのでエビは食べる
❷ 食べて
❸ 大丈夫ですか

語句 **スポーツジム** 스포츠 센터, 헬스장 | **ジャングル** 정글 | **ヨーロッパ一周**(いっしゅう) 유럽일주 | **しょうがない** 어쩔 수 없다

フリートーキング

◉ 私の癖

A

Track 055

　頻繁に髪をさわる人。これはある種の不安をかかえているという場合が多いそうです。子供の頃、泣いていると頭をなでてもらったという記憶はありませんか? 髪をさわるというのは自分をなぐさめているのと同じことのようです。しぐさという観点から見ると、こういう人は甘えん坊なことが多いようです。悪い所を指摘されると「嫌われた」と思いがちで、被害妄想の強い傾向もあります。逆に褒められるととても喜ぶ人が多いことから、尽くすタイプと考えるとよいでしょう。

B

Track 055-01

　話をしている最中に腕組みをする人は、一見偉そうですが、実は自分の思考の中に入り込みたがっている場合が多いそうです。自分で自分の体にさわることによって安心感を得て、他人の意見に惑わされないようにしたいという意思の表れのようです。こういった人は非常に自分の意思が強く、あまり人のアドバイスを受け容れません。また「相手は相手、自分は自分」と割り切って考えることも多く、一人でいることが好きな人に多いそうです。

語句　頻繁(ひんぱん)に 빈번하게, 자주 | さわる 만지다 | かかえる 안다, 머리를 감싸 쥐다, 떠맡다 | しぐさ 동작, 표정, 몸짓 | 観点(かんてん) 관점 | 甘(あま)えん坊(ぼう) 응석받이 | 指摘(してき)する 지적하다 | 被害妄想(ひがいもうそう) 피해망상 | 尽(つ)くす 다하다 | 腕組(うでぐ)み 팔짱 끼는 것 | 一見(いっけん) 한번 봄, 언뜻 봄, 일견 | 偉(えら)い 훌륭하다, 위대하다 | 思考(しこう) 사고 | 入(はい)り込(こ)む 깊숙히 들어가다 | 安心感(あんしんかん) 안도감 | 惑(まど)わす 생각을 헷갈리게 하다, 유혹하다, 꾀하다, 현혹시키다 | 意思(いし) 의사 | 表(あらわ)れ 표현 | 受(う)け容(い)れる 받아들이다 | 割(わ)り切(き)る (어떤 원칙에 따라) 단순, 명쾌하게 결론짓다

PART Ⅰ 次の問いに答えなさい。

問題1 Aはどんな場合が多いと言っていますか。

問題2 Bはどんな場合が多いと言っていますか。

問題3 Aでは髪をさわるというのはどういうことと同じだと言っていますか。

問題4 Aは悪い所を指摘されるとどうなりがちだと言っていますか。

問題5 Bの腕を組むことはどんな表れだと言っていますか。

問題6 Bは何を割り切って考えることが多いと言っていますか。

PART Ⅱ 応用会話

1. あなたの癖や性格について話しましょう。

2. あなたの癖や性格について家族または友達から指摘を受けたことがありますか。
   具体的に説明してみましょう。

3. あなたの周りで気になる癖やしぐさをする人がいますか。
   それは、どんな癖やしぐさですか。

4. あなたは自分の性格を直したいと思う時がありますか。それはどんな時ですか。

5. あなたは自分の癖を直したいと思いますか。

6. 人の癖や性格を直すことができると思いますか。

7. 日本語を話すときの口癖がありますか。

会話のキーワード

- **無くて七癖、有って四十八癖**：없다 해도 일곱 가지 버릇이 있고, 있다 하면 마흔여덟 가지 버릇이 있음을 일컫는 말(사람은 누구나 많든 적든 버릇이 있음을 비유)
- **爪(つめ)をかむ癖**：손톱을 깨무는 버릇
- **舌打(したう)ちをする**：혀를 차다
- **貧乏(びんぼう)ゆすり**：다리를 떪
- **足を組(く)む**：다리를 꼬다

☐ **指(ゆび)をならす** 손가락 소리를 내다

☐ **指(ゆび)をしゃぶる** 손가락을 빨다

☐ **舌(した)を出(だ)す** 혀를 내밀다, 멋쩍어 하다, 뒤에서 비웃거나 멸시하다

☐ **おねしょ** 아이들이 자면서 오줌을 싸는 것(여성이 아이에게 쓰는 말)

☐ **人柄(ひとがら)** 인품, (사람)됨됨이

☐ **明(あか)るい** 밝다

☐ **暗(くら)い** 어둡다

☐ **楽(たの)しい** 즐겁다

☐ **寂(さび)しがり屋(や)** 외로움을 많이 타는 사람

☐ **積極的(せっきょくてき)だ** 적극적이다

☐ **消極的(しょうきょくてき)だ** 소극적이다

☐ **社交的(しゃこうてき)だ** 사교적이다

☐ **責任感(せきにんかん)** 책임감

☐ **おおらかだ** 대범하고 느긋하다

☐ **穏(おだ)やかだ** 평온하다

☐ **内気(うちき)だ** 내성적이다

☐ **誠実(せいじつ)だ** 성실하다

☐ **まじめだ** 착실하다, 성실하다

☐ **不(ふ)まじめだ** 불성실하다

☐ **正義感(せいぎかん)** 정의감

☐ **気(き)が強(つよ)い** 기가 세다

☐ **気(き)が弱(よわ)い** 기가 약하다

☐ **気(き)が長(なが)い** 성질이 느긋하다

☐ **気(き)が短(みじか)い** 성질이 급하다

☐ **神経質(しんけいしつ)だ** 신경질적이다

☐ **おっちょこちょい** 출랑대는 사람, 덜렁대는 사람, 경박함, 경박한 사람

☐ **あわてん坊(ぼう)** 덜렁이

☐ **合理的(ごうりてき)だ** 합리적이다

☐ **冷静(れいせい)だ** 냉정하다

☐ **クールだ** 쿨 하다

☐ **世話好(せわず)きだ** 남을 돌봐주기 좋아하다

☐ **わがままだ** 제멋대로이다

第9課

おしゃれ

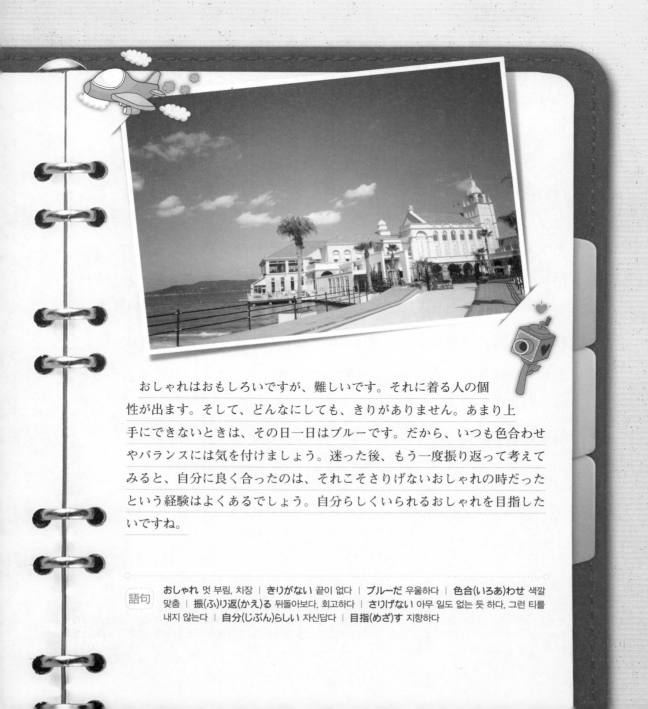

　おしゃれはおもしろいですが、難しいです。それに着る人の個性が出ます。そして、どんなにしても、きりがありません。あまり上手にできないときは、その日一日はブルーです。だから、いつも色合わせやバランスには気を付けましょう。迷った後、もう一度振り返って考えてみると、自分に良く合ったのは、それこそさりげないおしゃれの時だったという経験はよくあるでしょう。自分らしくいられるおしゃれを目指したいですね。

語句　**おしゃれ** 멋 부림, 치장 ｜ **きりがない** 끝이 없다 ｜ **ブルーだ** 우울하다 ｜ **色合(いろあ)わせ** 색깔 맞춤 ｜ **振(ふ)り返(かえ)る** 뒤돌아보다, 회고하다 ｜ **さりげない** 아무 일도 없는 듯 하다, 그런 티를 내지 않는다 ｜ **自分(じぶん)らしい** 자신답다 ｜ **目指(めざ)す** 지향하다

ダイアローグ

松本　どうです? この景色。最高でしょう?

パク　ええ。近くにこんなおしゃれなお店があるなんて、全然知りませんでした。お店の雰囲気もいいし、家具もかわいいし。松本さんて、意外とおしゃれなんですね。

松本　「意外と」ってどういう意味ですか。私だって、いろんな雑誌を見たりして流行をチェックしてるんですから。

パク　松本さんもファッション雑誌を見たりするんですか。

松本　悪いですか。雑誌ぐらい見るにきまってるじゃないですか。でも、ただ雑誌のまねをしてるわけではありませんよ。自分に似合うかどうかとか、こだわりとかがありますから。

パク　そうですよね。私もそれは大事なことだと思いますね。

松本　ですから、おしゃれといっても、特別に人と変わったことをすることはないですし、年齢や収入に応じて楽しめばいいんじゃないかと思います。

パク　松本さんは、めがねとか文房具とかにこだわってるように見えますけど。

松本　わかります?私、おしゃれな小物が大好きなんです。パクさんももっとおしゃれを楽しめばいいのに。

パク　しています。私は見えないところでおしゃれをするタイプなんです!

語句　景色(けしき) 경치 | 意外(いがい)と 의외로 | 流行(りゅうこう) 유행 | ファッション雑誌(ざっし) 패션 잡지 | まねをする 흉내를 내다, 따라 하다 | 似合(にあ)う 어울리다 | 収入(しゅうにゅう) 수입 | 文房具(ぶんぼうぐ) 문구용품 | 小物(こもの) 작은 소품

クイズ

クイズI ダイアローグの内容からの質問です。

1 二人はどんな店に入りましたか。

2 松本さんは「おしゃれ」で大事なことは何だと思っていますか。

クイズII 次のクイズに答えなさい。

　「おしゃれ」ということばは、ファッションだけではありません。おしゃれな生活、おしゃれな店、おしゃれな趣味のような使い方もあります。さて今日のクイズです。下にあるのは、「おしゃれなデートと言えば」という質問に対する意見です。○にひらがな、またはカタカナを一字入れてください。

おしゃれなデートと言えば……。

1 もちろん映画館。でも他にも○○○○○館や○○○○園も楽しい。

2 ○○○のきれいなレストランとか○○の見えるカフェ。

3 ○○ズ○ー○ン○
　　○○ズ○ー○ー　お昼もいいけど夜も楽しいとか。

4 季節のイベント　夏なら○○○大会。

　　　　　　冬ならクリスマスの○ル○ネー○○○。

5 広くてきれいな公園で○○○デート。お弁当を持って行くと楽しいとか。

6 買い物デート

「やっぱり」でしたか、それとも「意外」でしたか。

パターントレーニング

1 ～にきまっている : 根拠がある、強い確信を持った断定表現。 `Track 057`

A: 明日、彼女の誕生日なんです。

B: そうですか。

A: でも、❶僕がそのことをすっかり忘れていて、怒らせてしまいました。

B: それは❷怒るにきまっているでしょう。

---

❶ 友達からの誘いもあって、彼女と会おうか友達に会おうか迷っています

❷ 彼女

2 ～わけではない : 現在の状況と直前の発言により、`Track 058`
当然起こるだろうことを否定するとき使う。

A: ❶高いお皿を割ってしまいました。

B: ❷悪気があったわけではないから仕方ないですね。

A: 申し訳ございません。

B: 次❸からは気をつけてね。

---

❶ 新幹線に乗り遅れて ❷ 寝坊した
❸ の新幹線に乗ってください

3 ～といっても : 前に述べたことについて、実際にはそれほど程度が `Track 059`
重くないことを表す表現。

A: 将来について考えていますか。

B: ❶デザイナーになりたいです。

A: ❷デザイナーといっても、❸いろいろありますよね。

B: ❹ジュエリーデザイナーになりたいです。

---

❶ アメリカに住み ❷ アメリカに住む
❸ ビザが必要です ❹ まず、留学し

次の会話文で単語や表現を入れ替えて会話練習をしてみましょう。

④ 〜ことはない ：不必要であることを表す表現。 `Track 060`

A：どうして❶逃げるんですか。

B：すみません。

A：❷ミスをしたからといって❸逃げることはないでしょう。

B：はい。ちょっと❹弱気になってしまって、すみませんでした。

❶ 泣く
❷ ちょっと怒られた
❸ 泣く
❹ 最近いろいろミスしたことを思い出して

⑤ 〜に応じて ：「状況の変化と多様性に準じて」の意味。 `Track 061`

A：❶この不況で生活は苦しいですか。

B：❷給料に応じて❸生活していますので大丈夫です。

A：それならよかったです。

B：❹がんばります。

❶ 今度のテストは難しい
❷ クラスのレベル
❸ 出題して
❹ がんばってくださいね

語句 **悪気(わるぎ)** 나쁜 의도, 나쁜 뜻 │ **ジュエリーデザイナー** 보석 디자이너 │ **弱気(よわき)** 약한 마음 │ **不況(ふきょう)** 불황 │ **給料(きゅうりょう)** 급여 │ **出題(しゅつだい)する** 출제하다

フリートーキング

◉ ファッション

A

Track 062

　私は、洋服も髪形もアクセサリーもネイルも、気に入ったものをして出掛けるようにしています。私は鮮やかで明るい色が好きなので、周りの人から「派手好きだね」とよく言われます。派手と感じる基準は人それぞれで、実際、私が今日はシンプルだなと感じるときも、周りの人からは派手だと言われます。ヒョウ柄を着るとけばけばしいと思う人もいれば可愛いと思う人もいるように、おしゃれの楽しみ方は自由だと思います。私は、周りに流されることなく幾つになってもファッションを楽しんでいる素敵な女性になりたいです。

B

Track 062-01

　私は、基本的に服装はシンプルでも、バッグやアクセサリーなどの小物が少し派手なファッションが好きです。クローゼットを見てみると、白・黒・ベージュの服が多いです。白・黒は上下が合わせやすいので、自分のセンスに自信がない私にとってはとても便利な色です。自分のセンスには自信がないですが、時と場合に応じた服装に興味・関心を持っていて、自分の好きな装いを進んで楽しんでいます。また、私は街中や駅、電車内で人を見る癖があり、おしゃれな人を見て、「あ〜、あんなふうに着たら良いのか」と勉強しています。

語句　**髪形(かみがた)** 헤어 스타일 | **鮮(あざ)やかだ** 산뜻하다, 선명하다, 뚜렷하다 | **派手好(はでず)き** 화려한 것을 좋아함 | **人(ひと)それぞれ** 사람 저마다 | **ヒョウ柄(がら)** 표범 무늬 | **けばけばしい** 요란하다, 야하다, 줄여서 けばい라고도 함 | **クローゼット** 옷장 | **ベージュ** 베이지 색 | **上下(じょうげ)** 상하 | **合(あ)わせる** 맞추다 | **センス** 센스 | **自信(じしん)がない** 자신이 없다 | **装(よそお)い** 치장, 단장, 옷차림, 몸차림

PART I 次の問いに答えなさい。

問題1 Aの人は周りの人から何とよく言われていますか。

問題2 Aの人はどんな女性になりたいと言っていますか。

問題3 AとBの人に共通していることは何ですか。

問題4 Bの人はシンプルな服装ながらも、どんなファッションが好きだと言っていますか。

問題5 Bの文章の中で、白・黒はどんな色だと言っていますか。

問題6 Bの人は、街中や駅、電車内で何を勉強していますか。

PART II 応用会話

1. あなたが思うおしゃれとは何ですか。

2. あなたはおしゃれなお店を知っていますか。どんなお店ですか。

3. あなたにとっておしゃれに気をつかいたくなるときはどんな時ですか。

4. おしゃれをする際、手本としたり、意識している有名人、芸能人は誰ですか。

5. あなたはおしゃれをしたいと思いますか。それはなぜですか。

6. おしゃれをする上でどこに一番気を付けますか。

7. 服をどういうふうに選びますか。また、服に関して、どんなところにこだわりますか。

会話のキーワード

- **印象をよく見せたいから** : 인상을 잘 보이고 싶기 때문에
- **人に不快感を与えないため** : 남에게 불쾌감을 주지 않기 위해서
- **自分に似合う物を選ぶ** : 자신에게 어울리는 것을 고르다
- **好きな色・好きなデザインを選ぶ** : 좋아하는 색・좋아하는 디자인을 고르다
- **着心地(きごこち)がいい** : 착용감이 좋다
- **おしゃれは足元から** : 패션은 발끝에서부터
- **流行を知る** : 유행을 알다
- **デザインが凝(こ)っている服** : 디자인에 공(정성)이 들어있는 옷
- **服装のバランスが良い** : 옷차림의 밸런스가 좋다
- **着こなす** : 옷을 어울리게 잘 입다

VOCA⁺

- ☐ **着替(きが)える** 갈아입다
- ☐ **洋服(ようふく)ダンス** 옷 서랍장
- ☐ **スーツ** 수트
- ☐ **ワイシャツ** 와이셔츠
- ☐ **ズボン** 바지
- ☐ **ワンピース** 원피스
- ☐ **ジーパン・ジーンズ** 청바지, 진, 진 종류의 옷
- ☐ **ジャケット** 자켓
- ☐ **スラックス・パンツ** 평상복 바지
- ☐ **セーター** 스웨터
- ☐ **コート** 코트
- ☐ **ダウンジャケット** 오리털 점퍼
- ☐ **カーディガン** 가디건
- ☐ **ベルト** 벨트
- ☐ **スカーフ** 스카프
- ☐ **ショール** 쇼올
- ☐ **マフラー** 목도리

- ☐ **スカート** 치마
- ☐ **ブラウス** 블라우스
- ☐ **ストッキング** 스타킹
- ☐ **伝線(でんせん)する** 올이 풀려나가다
- ☐ **えり** 옷깃, 칼라, 동정
- ☐ **裏地(うらじ)** 안감
- ☐ **すそ** 옷자락
- ☐ **ハイヒール** 하이힐
- ☐ **ボタン** 단추
- ☐ **ハンカチ** 손수건
- ☐ **ブランド物(もの)** 명품
- ☐ **イヤリング** 이어링, 귀걸이
- ☐ **ピアス** 뚫은 귀에 장식하는 액세서리
- ☐ **ネックレス** 목걸이
- ☐ **指輪(ゆびわ)** 반지
- ☐ **ブレスレット** 팔찌

第10課
自由会話

◉ 下の質問について自由に話し合ってみましょう。

1. 日本の代表的な観光地といえば、どんなところが思い浮かびますか。また行ってみたい観光地について話してみましょう。

2. 心をこめてプレゼントを贈るとしたら、どんなものを贈りますか。また今までもらったプレゼントの中で、一番心がこもっていると感じたプレゼントは何ですか。

3. 自分で最近「太り気味」だと感じたら、まず、あなたは何を始めますか。

4. あなたが自分でお弁当を作るとします。お昼のお弁当だからといって、何でもいいというわけではないでしょう。作るからには「いいお弁当」にしたいですよね。具体的に、どうやって、どんなお弁当を作りますか。

5. あなたは「お金はあればあるほどいいにきまっている」と思いますか。それとも、「お金はあればあるほどいいというわけではない」と思いますか。どちらの考えですか。

6. 親友だからといって、あなたはその親友に何でも話せますか。例えば、親友の恋人が他の人とデートしていて、あなたはそれを見てしまいました。親友に話しますか。

7. 初めてのデートの場所として、あなたならどちらがいいですか。その理由も話してみましょう。

   ① 外見はともかくおいしいレストラン。

   ② 味はともかくきれいで安いレストラン。

8. 一戸建てにしろマンションにしろ、あなたが自分の家を持つ場合、何を中心に考えますか。

9. 悪気があるわけではないのに、自分の言った言葉で人を傷つけてしまうことがあります。あなたにもそんな経験はありますか。話してみましょう。

10. パソコンや携帯電話は現代人の必需品です。そしてメールを利用する人が増えましたが、手紙が好きな人も多くいます。手紙のいい点、メールのいい点はどんなところでしょうか。

11. 何をきっかけに日本語を勉強することになりましたか。

12. 現代人は、「栄養が偏りがち」と言われていますが、その原因は何
    だと思いますか。

13. ストレスをためると、健康に影響を与えるおそれがありますが、
    ストレスをためないためにはどうしたら良いと思いますか。

14. あなたは「二度とするまい」と決めたことを守る方ですか。また、
    今年「二度とするまい」と心に誓ったことがありますか。

15. 韓国のファッションは日本のファッションに比べてどうですか。

第11課
スポーツ

日本だから、できる。
あたらしいオリンピック！

　日本のあらゆる年齢の人々が、参加者として、また観客として
スポーツを楽しんでいます。ヨーロッパのスポーツが伝わる以前は、日
本では武道と呼ばれる伝統スポーツが盛んでした。日本の伝統スポーツとい
えば、柔道や剣道、相撲をはじめとする様々な格技がありました。相撲は日
本の国技と言われ、今でも大変人気があります。ヨーロッパの様々なスポー
ツが日本に入ってきてからは、野球、サッカーなどのスポーツが人気です。

語句 **参加者(さんかしゃ)** 참가자 │ **観客(かんきゃく)** 관객 │ **武道(ぶどう)** 무술, 무예 │ **伝統(でんと
う)** 전통 │ **剣道(けんどう)** 검도 │ **相撲(すもう)** 스모(일본 고유의 씨름, 일본 국기임) │ **格技(か
くぎ)** 유도, 검도, 스모 등 격투기 │ **国技(こくぎ)** 국기, 그 나라 특유의 전통적인 운동, 무예

ダイアローグ

状況 朝、出勤後、挨拶をして歩きながら。

イ 部長、おはようございます。

佐々木 おはようございます。あれ？自転車で通勤ですか。

イ そうなんですよ。環境のためと言いたいところなんですが、ちょっと運動不足気味で……。

佐々木 運動不足と言えば、私も同じですね。大学を卒業して以来、ほとんど運動していませんでしたからね。

イ 部長は学生時代、何かスポーツはしていたんですか。

佐々木 えぇ、私は卓球をしてました。また始めようかな。卓球なら年齢を問わずだれでも楽しめるし。課長は？スポーツは？

イ 私はマラソンです。子供のころから走ることにかけては、だれにも負けなかったんですよ。実は、今年マラソン大会に出てみようと思ってるんです。自信はないんですけど。本当は自転車もそのためで……。

佐々木 へぇ、すごいですね。がんばり屋の課長のことですから、きっとうまくいきますよ。

イ ありがとうございます。今の目標は最後まで走りきることなんですけどね。

佐々木 よしっ、決めた！私は新しいスポーツに挑戦しますよ。

イ 何かやってみたいスポーツでもあるんですか。

佐々木 実は、前から空手やテコンドーに興味があったんです。

語句 通勤(つうきん) 통근 | 運動不足(うんどうぶそく) 운동부족 | 気味(ぎみ) 기분, 기미, 낌새, 경향 | マラソン 마라톤 | がんばり屋(や) 분발하는 사람, 노력파 | 挑戦(ちょうせん) 도전 | 空手(からて) 가라데, 당수 | テコンドー 태권도

クイズ

クイズI ダイアローグの内容からの質問です。

① 佐々木部長は最近運動をしていますか。

② イ課長が自転車で通勤する本当の理由は何ですか。

クイズII 次のクイズに答えなさい。

日本で人気のスポーツと言えば……。

野球、サッカー、バスケットボールなどがありますが、相撲も人気の高いスポーツです。相撲を取る人を「力士」と言いますが、今では強い外国人力士が大勢います。さて、今日のクイズは相撲、特に力士に関する問題です。「〇」か「×」で答えてください。

① 江戸時代に身長が220cm以上の力士がいた。
「〇」か「×」か。

② 現在、力士になるためには、身長170cm、体重80kgが必要である。
「〇」か「×」か。

③ 力士は一日に5回食事をする。
「〇」か「×」か。

④ 力士は筋肉が少ない。
「〇」か「×」か。

⑤ 力士が飛行機に乗る場合、普通の1.5倍の料金を払うことが多い。
「〇」か「×」か。

皆さん、力士について、誤解していませんでしたか？

語句 **相撲(すもう)を取(と)る** 스모를 하다 │ **力士(りきし)** 스모 선수 │ **江戸時代(えどじだい)** 에도시대(도쿠가와이에야스(徳川家康)가 세이다이쇼군(征夷大将軍)에 임명되어 막부(幕府)를 개설한 1603년부터 15대 쇼군(将軍) 요시노부(慶喜)가 정권을 조정에 반환한 1867년까지의 봉건시대

パターントレーニング

1 **〜て以来** ： 過去にした、起こった出来事が、現在までずっと続いて
いることを表す。　Track 064

A：❶うには好きですか。

B：❷食べたことがないのでわかりません。

A：私は❸この店で食べて以来、大好きになりました。

B：では私もチャレンジしてみたいと思います。

❶ 寺院巡り　　　　　　　　❷ した
❸ 京都へ行って

2 **〜を問わず** ：「〜を問題としないで、区別しないで」の意味。　Track 065

A：今日の❶クリスマス会にはたくさんの人が来てくれました
ね。

B：❷町の老若男女を問わず❸多くの人を招待しましたから。

A：大好評でしたよ。

B：今後も続けていきたいと思っています。

❶ 車の展示会　　　　　　　❷ 国産車、外車
❸ 格好いい車を並べました

3 **〜にかけては** ：「そのことに関しては」の意味。　Track 066

A：最近❶ベランダで野菜を作っています。

B：それはいい趣味をお持ちですね。

A：❷ベランダ菜園にかけては❸誰にも負けません。

B：今度❹少しくださいね。

❶ カメラにこっています　　❷ 鉄道写真
❸ かなりの自信があります　❹ 見せて

次の会話文で単語や表現を入れ替えて会話練習をしてみましょう。

④ 〜ことだから ： それ自身が持っている固有の特徴が原因・理由になっていることを表す表現。 Track 067

A：❶鈴木さんは来るのが遅いですね。

B：あの人のことだから、❷遅れてもきっと来ます。

A：そうなんですか。

B：もうちょっと❸待ってみましょう。

❶ 山田さんは宿題をする
❷ 時間がかかってもきっとやります
❸ 見守って

⑤ 〜きる ： 動作の完了を表す。 Track 068

A：❶試験の日は不安になります。

B：❷能力を出しきるには❸平常心が大切ですね。

A：そうですね。❹家にいると思ってがんばります。

B：それがいいです。

❶ 仕事が少ないので
❷ この不況を乗り
❸ がまん
❹ やがて景気が回復する

語句 うに 성게 | チャレンジ 도전 | 寺院巡(じいんめぐ)り 사원을 도는 것 | 老若男女(ろうにゃくなんにょ) 남녀노소 | 招待(しょうたい) 초대 | 大好評(だいこうひょう) 큰 호평 | 展示会(てんじかい) 전시회 | 国産車(こくさんしゃ) 국산차 | 外車(がいしゃ) 외제차 | ベランダ菜園(さいえん) 베란다 채소밭 | 鉄道(てつどう) 철도 | 固有(こゆう) 고유 | 特徴(とくちょう) 특징 | 見守(みまも)る 지켜보다, 감시하다 | 完了(かんりょう) 완료 | 平常心(へいじょうしん) 평상심 | 不況(ふきょう)を乗(の)りきる 불황을 이겨내다 | がまん 인내, 참고 견딤 | 回復(かいふく)する 회복하다

フリートーキング

◉ 野球スポーツ少年団の新入団員募集要項

* スポーツ少年団とは？
　子どもたちが、自由時間に地域社会の中で、スポーツを中心としたグループ活動を行う団体。

A

Track 069

集まれ、野球好きの小学生！

打って、走って、投げて、友達を作ろう

　新宿野球スポーツ少年団では、随時新入会員を募集しています。「野球を楽しく」をモットーに、野球を通して友達作りや体力作り、挨拶、礼儀など、家庭外での社会教育の一環になればと考えております。体験練習も随時実施しておりますので、お気軽にご参加ください。

B

Track 069-01

野球をやろう。友達を作ろう。楽しいよ〜！

新しく一緒に野球をする仲間を大募集

　渋谷野球スポーツ少年団では、今年度の団員を随時募集しています。最初はみんな初心者です。ていねいに教えてくれる監督、明るく元気で、野球大好きな仲間たちが待っています。まずは気軽に見学に来てください。野球のほかにもバーベキュー、合宿など楽しいことがいっぱいありますよ。

語句　少年団(しょうねんだん) 소년단 ｜ 新入団員募集要項(しんにゅうだんいんぼしゅうようこう) 신입부원 모집요강 ｜ 随時(ずいじ) 수시(로), 그때그때 ｜ 初心者(しょしんしゃ) 초보자 ｜ 監督(かんとく) 감독 ｜ 仲間(なかま) 동료, 같은 패 ｜ 気軽(きがる)に 어렵게 생각지 않고, 시원시원하게 ｜ 見学(けんがく) 견학 ｜ バーベキュー 바베큐 ｜ 合宿(がっしゅく) 합숙 ｜ 施設(しせつ) 시설

92

PART I 次の問いに答えなさい。

問題1 A・Bともにいつ新入団員を募集していますか。

問題2 A・Bともに野球をしながら何を作ろうと言っていますか。

問題3 A・Bともに団員になる前に何ができると言っていますか。

問題4 Aではどんなことが学べると言っていますか。

問題5 AにはなくてBにはある活動は何ですか。

問題6 Bではどんな仲間が待っていると言ってますか。

PART II 応用会話

1. あなたがスポーツをする「目的」は何ですか。

2. 学校の体育の授業以外で、何かスポーツをしていますか。または、何かしていましたか。 また、そのスポーツを始めたきっかけは何ですか。

3. 最近どんなスポーツをしましたか。

4. 好きなスポーツがありますか。また、得意なスポーツは何ですか。

5. スポーツができる人に対して、どんなイメージを持ちますか。

6. スポーツ施設を利用する際、不満や不便を感じるところは何ですか。

会話のキーワード

- **体力の維持(いじ)のため** : 체력 유지를 위해서
- **美容・ダイエットのため** : 미용・다이어트를 위해서
- **ストレス解消(かいしょう)** : 스트레스 해소
- **友達に誘われたから** : 친구에게 권유 받았기 때문에
- **運動神経が良い** : 운동신경이 좋다
- **施設・設備が整(ととの)っていない** : 시설, 설비가 갖추어져 있지 않다
- **希望する日に行けない** : 원하는 날에 갈 수 없다
- **利用料金が高い** : 이용 요금이 비싸다

VOCA⁺

- ☐ **個人競技(こじんきょうぎ)** 개인경기
- ☐ **団体競技(だんたいきょうぎ)** 단체경기
- ☐ **球技(きゅうぎ)** 구기, 공을 사용하는 운동경기
- ☐ **ゴルフ** 골프
- ☐ **ジョギング** 죠깅
- ☐ **水泳(すいえい)** 수영
- ☐ **テニス** 테니스
- ☐ **スキー** 스키
- ☐ **スケート** 스케이트
- ☐ **登山(とざん)** 등산
- ☐ **山登(やまのぼ)り** 등산
- ☐ **ハイキング** 하이킹
- ☐ **つり** 낚시
- ☐ **マリンスポーツ** 해양 스포츠
- ☐ **ソフトボール** 소프트볼
- ☐ **セントラルリーグ** 센트럴 리그 (일본 프로 야구 리그의 하나)

- ☐ **パシフィックリーグ** 퍼시픽 리그
- ☐ **Jリーグ** J리그 (일본 프로 축구 리그)
- ☐ **ジム (gym)** 헬스장, 체육관, 도장,
- ☐ **アスレチッククラブ (athletics club)** 각종 운동 경기 클럽
- ☐ **ヨガ** 요가
- ☐ **スカッシュ** 스쿼시
- ☐ **ボクシング** 복싱
- ☐ **バドミントン** 배드민턴
- ☐ **アメリカンフットボール・アメフト** 미식 축구・아메리칸 풋볼
- ☐ **ラグビー** 럭비
- ☐ **ハンドボール** 핸드볼
- ☐ **卓球(たっきゅう)・ピンポン** 탁구
- ☐ **リーグ戦(せん)** 리그 전
- ☐ **トーナメント戦(せん)** 토너먼트 전

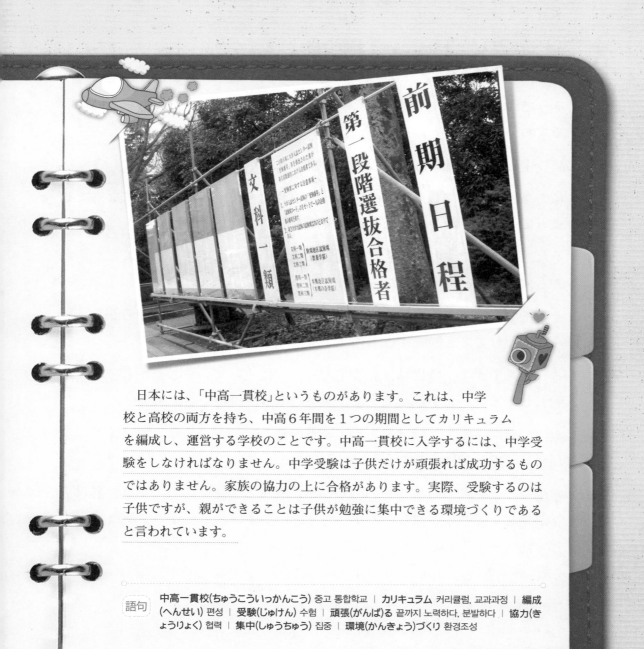

　日本には、「中高一貫校」というものがあります。これは、中学校と高校の両方を持ち、中高6年間を1つの期間としてカリキュラムを編成し、運営する学校のことです。中高一貫校に入学するには、中学受験をしなければなりません。中学受験は子供だけが頑張れば成功するものではありません。家族の協力の上に合格があります。実際、受験するのは子供ですが、親ができることは子供が勉強に集中できる環境づくりであると言われています。

語句 **中高一貫校**(ちゅうこういっかんこう) 중고 통합학교 | **カリキュラム** 커리큘럼, 교과과정 | **編成**(へんせい) 편성 | **受験**(じゅけん) 수험 | **頑張**(がんば)**る** 끝까지 노력하다, 분발하다 | **協力**(きょうりょく) 협력 | **集中**(しゅうちゅう) 집중 | **環境**(かんきょう)**づくり** 환경조성

ダイアローグ

🐾 **状況** 図書館から出てきたところ。　**Track 070**

ホン 　試験の前だけあって、今日は学生、多かったですね。あっ、これ聞いたん
　　　ですけど、日本の大学生は大学に入学したとたんに勉強しなくなるって、
　　　本当ですか。

阿部 　ん〜、入学したとたんというより合格したとたんかもしれないですね。も
　　　ちろん、全員じゃないですよ。

ホン 　そうですか。せっかく一生懸命勉強して入学したのに、何かもったいない
　　　ですね。

阿部 　高校生の間は本当、毎晩遅くまで勉強するんですけどね。

ホン 　私の高校もそうでしたよ。中には、勉強しすぎたあげく、病気になってし
　　　まって受験できなかった人もいたんです。

阿部 　それは気の毒ですね。私も実は病気になりかけたんですよ。親にしたら勉
　　　強も大事だけど、体の方がもっと心配だったようで……。

ホン 　そうですね。でも、受験生本人にしたら周りがみんな真剣にやるから、ど
　　　んなに疲れてても勉強するよりほかないですよね。

阿部 　そうなんですよ。特に私は高校生の時、寮に入っていましたから、みんな
　　　勉強してるのがわかるんですよ。部屋の電気がついていますから。

ホン 　大学の試験って、入学は易しくて卒業が難しいのと、入学は難しくて卒業
　　　が易しいのとでは、どちらがいいんでしょうね。

阿部 　学生にしたらどちらも易しいのがいいにきまってますよね。でも、私は入
　　　学が易しくて卒業が難しい方がいいと思いますけど、どうですかね。

語句 **気(き)の毒(どく)だ** 가엾다, 불쌍하다, 딱하다 ┃ **寮(りょう)** 기숙사

クイズ

クイズI ダイアローグの内容からの質問です。

1 ホンさんは日本の大学生について、どんなことを聞きましたか。

2 受験について、受験生と親では考え方にどんな違いがありますか。

クイズII 次のクイズに答えなさい。

受験……。

合格するために皆さんは何をしますか。勉強するのはもちろんですが、「これが あると、または、これをすると合格できそう」、こういう気持ちになったりするこ とはありませんか。さて、今日のクイズです。下の1〜4はどうして「合格できそ う(または、嫌な気持ち)」という気持ちになるのでしょうか。

◉ まずは、以前からあるものです。

1 試験の前日などに、とんかつを食べる
   ⇒ どうしてでしょうか。

2 受験生の前で使わない方がいい言葉
   ⇒ どんな言葉でしょうか。

◉ 最近ではこんなものもあるようです。

3 コアラの形のお菓子やグッズ（受験生へのプレゼントにも）
   ⇒ どうしてでしょうか。

4 五角形のえんぴつ
   ⇒ どうしてでしょうか。

どうでしたか。わかりましたか。
こういうのを「縁起がいい」とか「縁起が悪い」と言います。

語句 グッズ(goods) 상품, 물건 ｜ 五角形(ごかっけい) 오각형 ｜ 縁起(えんぎ)がいい 재수가 좋다 ｜ 縁起(えんぎ)が悪(わる)い 재수가 나쁘다

パターントレーニング

1 〜**たとたんに** ： できごとが連続に起こったことを表す表現で、　　　　Track **071**
後ろには突発的に起きたできごとが描かれる。

A：**❶**コンピュータの調子が悪くて困っています。

B：どういうふうに調子が悪いんですか。

A：昨日、**❷**新しいプログラムをインストールしたとたんに、**❸**重くなってしまって……。

B：それは困りましたね。

❶ 掃除機　　　　　　　　　❷ フィルターを交換した
❸ 吸い込みが悪くなって

2 〜**あげく** ：「〜をした結果」の意味。　　　　Track **072**

A：来年**❶**大学院に行きますか。それとも**❷**就職しますか。

B：悩みに悩んだあげく、**❸**就職することにしました。

A：**❹**社会に出るのもいいですよ。

B：ええ、頑張ってみます。

❶ パリの会社　　　　　　　❷ ここにいます
❸ パリへ行く　　　　　　　❹ 海外

3 〜**かける** ：動作の途中の状態や直前の状態を表す。　　　　Track **073**

A：**❶**昨日、友達とけんかをしてしまいました。

B：**❷**仲直りはしましたか。

A：いいえ。**❸**手紙を書きかけて、やめてしまいました。

B：そうですか。でも早くしたほうがいいですよ。

❶ 来月、旅行に行くんです　　❷ プランは決め
❸ 調べ

次の会話文で単語や表現を入れ替えて会話練習をしてみましょう。

4 **〜にしたら** ：「〜の立場・視点で見れば」の意味。　Track 074

A：❶お子さんの絵、上手に描けていますね。

B：ええ、❷五歳にしたら上できです。

A：もしかしたら❸才能があるかもしれませんよ。

B：そうだといいのですが。

❶ レポート、よく書けて
❷ 私
❸ 教授も気に入ってくれる

5 **〜よりほかない** ：問題の解決方法が「それ以外にない」という意味。　Track 075

A：❶スキーに行きたくなくなりました。

B：もう❷ツアーに申し込んだんですから行くよりほかないですよ。

A：❸寒いのは苦手です。

B：でもきっと楽しいですよ。

❶ 語学学校
❷ お金を払った
❸ 語学

語句 | 連続(れんぞく) 연속 | 突発的(とっぱつてき)だ 돌발적이다 | 描(か・えが)く 그리다 | 調子(ちょうし) 상태, (일이 진행되는)기세, 가락 | インストール 인스톨 | フィルター 필터 | 交換(こうかん)する 교환하다 | 吸(す)い込(こ)み 흡입 | 結果(けっか) 결과 | 就職(しゅうしょく) 취직 | 途中(とちゅう) 도중 | 状態(じょうたい) 상태 | 直前(ちょくぜん) 직전 | 仲直(なかなお)り 화해 | プラン 플랜, 계획 | 調(しら)べる 조사하다 | 才能(さいのう) 재능 | 解決(かいけつ) 해결 | ツアー 투어

フリートーキング

◉ 受験生の親の悩み

Track 076

A

　最近、娘は不安や焦りのせいかイライラして、精神的に不安定になっています。イライラしているということは、自覚があるという証拠にはなるのですが、これがもし続くのであれば親として少し心配です。私はつい子供に「勉強しなさい」と言ったり、「勉強はやったの？」と聞いたりしてしまいます。そのたびに子供は怒ってしまい、勉強する気をなくしているように感じます。これからは、子供のやることをしっかり見守ろうと思っていますが、皆さんはどのように接しているのでしょうか。

Track 076-01

B

　入試が目前に迫っているなかで、うちの子はまだ志望校に手が届いていないことが心配です。その不安もあり、娘もストレスがたまっていますが、私たち親もストレスがたまっています。親は子どもの性格と状況を考慮して冷静に接しなければならないことはよく分かっているのですが、冷静になれないのが現実です。時に、娘の真剣さが感じられないときは、叱ってしまいます。これからはもっと冷静になって、娘が勉強に集中できる環境を作っていきたいと思います。

語句　焦(あせ)り 초조함 ｜ イライラする 초조해하다, 안달(복달)하다 ｜ 精神的(せいしんてき)に 정신적으로 ｜ 自覚(じかく) 자각 ｜ 証拠(しょうこ) 증거 ｜ 見守(みまも)る 지켜보다 ｜ 接(せっ)する 접하다 ｜ 目前(もくぜん) 목전, 눈앞 ｜ 迫(せま)る 좁혀지다, 가까워지다, 임박하다 ｜ 志望校(しぼうこう) 지망 학교 ｜ 手(て)が届(とど)く 손이 미치다 ｜ 冷静(れいせい)に 냉정하게 ｜ 現実(げんじつ) 현실 ｜ 真剣(しんけん)さ 진지함 ｜ 叱(しか)る 야단치다, 꾸짖다 ｜ 共通点(きょうつうてん) 공통점 ｜ 受験制度(じゅけんせいど) 수험제도

A・Bの文章を使っていろいろ話してみましょう。

PART I 次の問いに答えなさい。

問題1 AとBの文章から、受験を控えた子供はどうだと言っていますか。

問題2 AとBの子供の共通点は何ですか。

問題3 AとBの共通した悩みは何ですか。

問題4 Aの親はこれからはどうしようと思っていますか。

問題5 Bの親はこれからはどうしようと思っていますか。

問題6 AとBの親は娘を心配していますが、どのようなことが心配だと言っていますか。

PART II 応用会話

1. あなたが受験生のとき、一番大変だったことは何ですか。

2. 大学受験を一言で表すと何ですか。

3. あなたの国の受験制度について話しましょう。

4. 勉強時間を確保するために工夫していることがありますか。
   それはどんなことですか。

5. あなたの勉強法を教えてください。

6. 受験生の親には、どんな悩みがあると思いますか。

7. 受験勉強に集中できない理由は何だと思いますか。

会話のキーワード

- **競争** : 경쟁
- **将来の夢に向けての飛躍(ひやく)** : 장래의 꿈을 향해 도약
- **夢への第一歩** : 꿈을 향한 첫걸음
- **汗と涙の結晶(けっしょう)** : 땀과 눈물의 결실
- **ひたすら読んで覚える** : 오로지 읽어서 외우다
- **問題集などで問題を解(と)く** : 문제집 등으로 문제를 풀다
- **学習環境が悪い** : 학습 환경이 나쁘다
- **単に集中力がない** : 단지 집중력이 없다.
- **受験勉強の具体的な理由、将来の夢などがわからない** : 수험 공부의 구체적인 이유, 장래의 꿈 등을 모르다
- **気が散(ち)る** : 산만하다

- ☐ **短期大学(たんきだいがく)** 단기 대학
- ☐ **専修学校(せんしゅうがっこう)** 전수학교
- ☐ **専門学校(せんもんがっこう)** 전문학교
- ☐ **高等専門学校(こうとうせんもんがっこう)** 고등 전문학교
- ☐ **ゆとり教育(きょういく)** 여유 교육
- ☐ **山(やま)をかける・山(やま)をはる** 요행수를 노리다
- ☐ **山(やま)が当(あ)たる** 예상이 들어맞다(적중하다)
- ☐ **山(やま)が外(はず)れる** 예상이 빗나가다
- ☐ **一夜漬(いちやづ)け** 벼락치기 공부
- ☐ **カンニングをする** 컨닝을 하다
- ☐ **桜咲(さくらさ)く** 벚꽃이 피다, 합격하다
- ☐ **桜散(さくらち)る** 벚꽃이 지다, 불합격하다
- ☐ **推薦入試(すいせんにゅうし)** 추천 입시
- ☐ **AO(アドミッション・オフィス)入試(にゅうし)** AO(Admission Office) 입시. 학력에 한정하지 않고, 다면적인 평가에 의한 입시
- ☐ **センター試験(しけん)** 일본의 대학수학능력시험
- ☐ **運(うん)がいい** 운이 좋다

- ☐ **塾(じゅく)に通(かよ)う** 학원에 다니다
- ☐ **家庭教師(かていきょうし)** 가정 교사, 과외 선생님
- ☐ **合格(ごうかく)ライン** 합격 라인
- ☐ **ガリ勉(べん)** 공부벌레
- ☐ **夜食(やしょく)** 야식
- ☐ **浪人(ろうにん)** 재수생
- ☐ **中退(ちゅうたい)** 중퇴
- ☐ **編入(へんにゅう)** 편입
- ☐ **退学(たいがく)** 퇴학
- ☐ **通信簿(つうしんぼ)** 성적표
- ☐ **オール5** 전 과목 '수(秀)'
- ☐ **スパルタ教育(きょういく)** 스파르타 교육
- ☐ **裏口入学(うらぐちにゅうがく)** 부정 입학
- ☐ **寄付金(きふきん)** 기부금
- ☐ **不正入試(ふせいにゅうし)** 부정 입시
- ☐ **モンスターペアレント (monster parent)** 학교에 대해 자기중심적인 불합리한 요구를 반복하는 부모
- ☐ **教育(きょういく)ママ** 교육에 열성적인 엄마를 가리키는 말

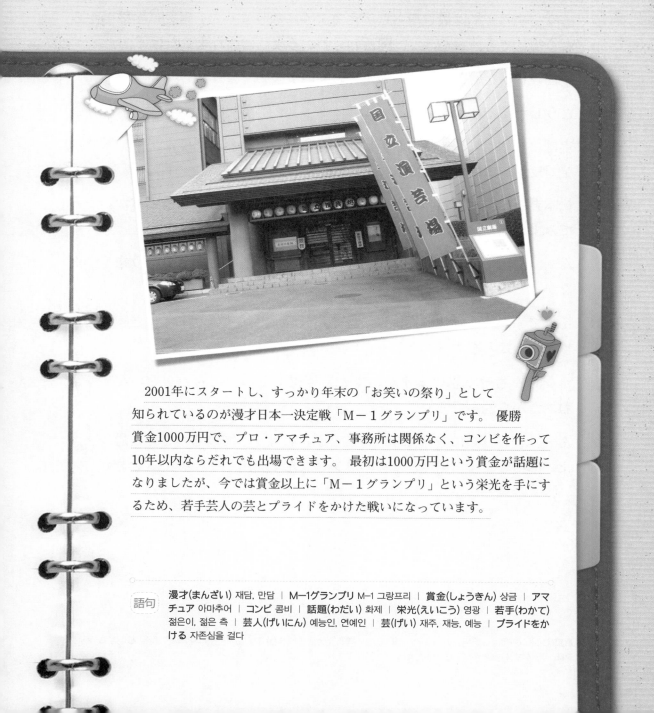

お笑い

　　2001年にスタートし、すっかり年末の「お笑いの祭り」として
知られているのが漫才日本一決定戦「M−1グランプリ」です。　優勝
賞金1000万円で、プロ・アマチュア、事務所は関係なく、コンビを作って
10年以内ならだれでも出場できます。　最初は1000万円という賞金が話題に
なりましたが、今では賞金以上に「M−1グランプリ」という栄光を手にす
るため、若手芸人の芸とプライドをかけた戦いになっています。

語句　**漫才(まんざい)** 재담, 만담 ｜ **M−1グランプリ** M-1 그랑프리 ｜ **賞金(しょうきん)** 상금 ｜ **アマ
チュア** 아마추어 ｜ **コンビ** 콤비 ｜ **話題(わだい)** 화제 ｜ **栄光(えいこう)** 영광 ｜ **若手(わかて)**
젊은이, 젊은 측 ｜ **芸人(げいにん)** 예능인, 연예인 ｜ **芸(げい)** 재주, 재능, 예능 ｜ **プライドをか
ける** 자존심을 걸다

ダイアローグ

阿部　最近本当、お笑い番組が多いですよね。芸人をテレビで見ない日なんてないんじゃないですか。

ホン　そうですね。私は最近やっと笑えるようになりました。最初は全然わからなくて。でも、おかげで、関西弁もわかるようになりましたけど。

阿部　すごいじゃないですか。ふぅ～、お笑いか……。

ホン　どうしたんですか、急に。

阿部　実は、松本君に「一緒にお笑いをやろう」って誘われてるんです。家族は絶対反対するにきまってるんだけど。

ホン　松本君って、健太君のことですか。で、阿部さんはどうなんですか。やってみようかなっていう気は。

阿部　ん～、やってみたい気持ちはあるんですけどね。でも、もし、うまくいかなかったら……。両親は就職してほしいみたいなんですけど。

ホン　そうですか。ご両親の期待にこたえて就職するのも大切ですけど、自分のやりたいことをするべきじゃないですか。

阿部　ホンさんもそう思いますか。でも、無視するわけにもいかないんですよね。だから悩んでて。

ホン　ん～、若いうちにやってみたいことがあればやってみるべきだと思いますよ。応援します。男性と女性のコンビなんて面白そうじゃないですか。

語句　**お笑(わら)い番組(ばんぐみ)** 코미디 프로, 개그 프로 ｜ **関西弁(かんさいべん)** 일본 관서지방의 사투리 ｜ **無視(むし)する** 무시하다 ｜ **悩(なや)む** 괴로워하다, 고심하다

クイズ

クイズⅠ ダイアローグの内容からの質問です。

1 阿部さんは松本君に何を誘われていますか。

2 ホンさんは、阿部さんにどんなアドバイスをしましたか。

クイズⅡ 次のクイズに答えなさい。

今日のクイズは言葉遊びからです。

「きょうはいしゃにいく」

どこに行くのでしょうか。この文はどこで区切って読むかで意味が変わってきます。さて今日のクイズです。下の文には2つの意味があります。どんな意味とどんな意味でしょうか。

ヒント:「、」の位置で意味が変わりますよ。

1 「いいにくかった」

2 「ここではきものをぬいでください」

3 「あなたのかおなんかいもみたい」

4 「かねおくれたのむ」

パソコンで入力する時は注意が必要ですよ。

パターントレーニング

1 **〜おかげで**：原因・理由を表すが、その中でも良い結果を表す場合に使われる。 Track 078

A：^❶京都へ行ってきました。

B：^❷有名な寺院は見てきましたか。

A：ええ、^❸京都にいる友人のおかげで^❹名所は全部見ることができました。

B：それは助かりましたね。

❶ 東京大学　　　　　　　　　❷ 赤門
❸ 案内があった　　　　　　　❹ 主な建物

2 **〜にこたえて**：「期待や要請に応じて」の意味。 Track 079

A：^❶お客様の声にこたえて、^❷営業時間を1時間延長しました。

B：これからは便利になりますね。

A：^❸夜11時までご利用いただけます。

B：きっと利用者がふえますね。

❶ 市民の要望　　　　　　　　❷ 高齢者への出張診療をはじめ
❸ 70才から

3 **〜べき**：「〜するのが当然だ、適当だ」の意味。 Track 080

A：明日はついに^❶結婚式です。

B：もう^❷やるべきことは全部しましたよね。

A：あとは^❸来てくれる人を迎えるだけです。

B：楽しい^❹式になるといいですね。

❶ アメリカへ出発　　　　　　❷ 準備する
❸ 飛行機に乗る　　　　　　　❹ 留学生活

次の会話文で単語や表現を入れ替えて会話練習をしてみましょう。

4 **〜わけにもいかない** ： 「何かの理由や事情があって〜することができ Track **081**
ない」の意味。

A： ❶今日、先生はとても忙しいそうです。

B： じゃあ、❷私達も黙って見ているわけにもいかないで
すね。

A： ❸何かお手伝いできることはないか聞いてみましょうか。

B： そうしましょう。

---

❶ あの二人はけんかをした
❷ このままほうっておく
❸ どうしてけんかになったのか

5 **〜うちに** ： 「その状態が続いている、その時間内に」の意味。 Track **082**

A： 昨日、❶山に登ったんです。

B： どうでしたか。

A： ❷登っているうちに❸雨が降ってきてしまいました。

B： じゃ、❹頂上まで行けなかったんですね。

---

❶ 映画を見に行った
❷ 見ている
❸ 眠って
❹ 内容は分からなかった

語句　寺院(じいん) 사원, 절 ｜ 名所(めいしょ) 명소 ｜ 赤門(あかもん) 도쿄 대학에 있는 유명한 문 ｜ 要請(ようせい) 요청 ｜ 要望(よ
うぼう) 요망 ｜ 高齢者(こうれいしゃ) 고령자 ｜ 出張診療(しゅっちょうしんりょう) 출장진료 ｜ 当然(とうぜん)だ 당연하다 ｜
適当(てきとう)だ 적당하다

フリートーキング

● お笑いに対する声

A

　ボケ役は話題の中で面白いことを言う役割である。話題の中に明らかな間違いや勘違いなどを折り込んで笑いを誘ったり、冗談などを主に言う。もともとボケ役は、そのとぼける行為によって笑いを誘うことが多かったことから「とぼけ役」と呼ばれていた。ボケ役が話の進行役を担当する漫才師も少なくない。またその役割分担も必ずしも固定的ではなく、達者とされるコンビほど、流れによって自然にボケとツッコミが入れ替わる展開を用いる。

B

　ボケ役の間違いを素早く指摘し、笑いどころを観客に提示する役割を担う。ボケ役の頭を平手や軽い道具でたたいたり胸の辺りを手の甲でたたいて指摘する事が多い。この役割はツッコミと呼ばれる。ツッコミを入れるタイミングそのものが、観客の笑いを誘う場合も少なくない。また、ツッコミが入ることにより、ボケ役が進行する話題に区切りを与え、構成上の小気味よいリズムを生み出す効果もある。

語句 ボケ役 만담에서 시치미를 떼는 역할. 화제 안에서 재미있는 것을 말하는 역할 │ 勘違(かんちが)い 착각 │ 折(お)り込(こ)む 접다 │ とぼける 능청떨다. 얼빠진 모양으로 우스꽝스런 행동을 하다 │ 進行役(しんこうやく) 진행역 │ 担当(たんとう)する 담당하다 │ 漫才師(まんざいし) 만담가 │ 固定的(こていてき)だ 고정적이다 │ 達者(たっしゃ) 달인. 능통함 │ 入(い)れ替(か)わる 교대하다. 교체하다 │ 展開(てんかい) 전개 │ 用(もち)いる 사용하다 │ ツッコミ 만담에서 실수를 재빠르게 지적해 웃는 타이밍을 손님에게 제시하는 역할 │ 素早(すばや)く 재빨리 │ 指摘(してき)する 지적하다 │ 提示(ていじ)する 제시하다 │ 担(にな)う 짊어지다. 메다. 떠맡다 │ 区切(くぎ)り 사물의 한 구분. 매듭. 경계. 구획 │ 構成(こうせい) 구성 │ 小気味(こきみ)よい 고소하다. 기분 좋다 │ 生(う)み出(だ)す 낳다. 생산하다

PART I 次の問いに答えなさい。

問題1　Aのボケにはどんな役割がありますか。

問題2　Bのツッコミにはどんな役割がありますか。

問題3　なぜ「とぼけ役」と呼ばれていましたか。

問題4　ツッコミはボケ役にどのように指摘することが多いですか。

問題5　ツッコミが入ることでどんな効果があると言っていますか。

問題6　達者とされるコンビほど、どうであると言っていますか。

PART II 応用会話

1. あなたがもし漫才師をするとしたら、ボケ派ですか。ツッコミ派ですか。(理由も)

2. あなたはお笑いを見ますか。どんなときに見ますか。

3. なぜお笑いが人気なのだと思いますか。

4. あなたは今のお笑いについてどう思いますか。

5. あなたの周りに面白い人はいますか。どんな人ですか。

6. あなたが好きな芸人は誰ですか。なぜその芸人が好きですか。

7. 韓国のお笑い、または、日本のお笑いについて話してみましょう。

会話のキーワード

- 他の芸人にはない面白さがある : 다른 예능인에게는 없는 재미가 있다
- ネタはもちろんのこと、トークがとても面白い : 개그 소재는 물론, 토크가 매우 재미있다
- テレビでネタを見せる機会が増えて、知名度(ちめいど)のある芸人さんが増えてきた : 텔레비전으로 소재를 보일 기회가 늘어나고, 지명도가 있는 개그맨이 증가하였다
- 自分にはない斬新(ざんしん)な発想をする人 : 자신에게는 없는 참신한 발상을 가진 사람
- 場の空気の読み方がうまい人 : 분위기 파악을 잘하는 사람
- 知識が豊富でユーモアのある人 : 지식이 풍부하고 유머가 있는 사람
- 笑う門(かど)には福来(きた)る : 소문만복래
- 腹の底から笑う : 마음속으로 비웃다

- ☐ 吉本興業(よしもとこうぎょう) 요시모토 흥업 (일본에서 가장 오래된 예능 프로덕션)
- ☐ 島田紳助(しまだしんすけ) 일본의 유명 코미디언 겸 사회자(M1 제창자)
- ☐ 喜劇(きげき) 희극
- ☐ 吉本新喜劇(よしもとしんきげき) 요시모토 신희극
- ☐ 松竹新喜劇(しょうちくしんきげき) 쇼치구 신희극
- ☐ 寄席(よせ) 대중연예를 위한 상설 흥행장
- ☐ 落語(らくご) 만담
- ☐ コント 콩트
- ☐ コメディアン 코미디언
- ☐ バラエティ番組(ばんぐみ) 버라이어티 프로그램
- ☐ 声帯模写(せいたいもしゃ) 성대 모사
- ☐ ものまね (사람 또는 동물의 목소리, 동작 따위를)흉내 내는 것
- ☐ 腹話術(ふくわじゅつ) 복화술
- ☐ パントマイム 판토마임
- ☐ 一人芝居(ひとりしばい) 일인극

- ☐ 操(あやつ)り人形(にんぎょう) 꼭두각시 인형
- ☐ 手品(てじな) 마술
- ☐ マジック 매직, 마술, 요술
- ☐ 奇術(きじゅつ) 기술
- ☐ お笑(わら)い芸人(げいにん) 코미디언
- ☐ お笑(わら)いタレント 코미디언 탤런트
- ☐ 大道芸人(だいどうげいにん) 길거리 연예인
- ☐ 芸能人(げいのうじん) 연예인
- ☐ 役者(やくしゃ) 배우
- ☐ ピン芸人(げいにん) 솔로 개그맨
- ☐ お笑(わら)いコンビ 2인조 개그(코미디)
- ☐ お笑(わら)いトリオ 3인조 개그(코미디)
- ☐ お笑(わら)いカルテット 4인조 개그(코미디)
- ☐ クインテット 5인조 개그(코미디)
- ☐ お笑(わら)いユニット 6명 이상의 개그(코미디)
- ☐ エンターテイメント(エンタメ) 엔터테인먼트

アルバイト

　　学生の本分は勉強ですが、学生時代に多くの人がアルバイトを
しています。アルバイトと勉強とのバランスについて、学生たちはど
のように感じているのでしょうか。さまざまな意見があるでしょうが、も
っとも価値が置けるのは「社会経験」でしょう。アルバイトを通じて働く喜
びを知った人もいます。そして、お金を稼ぐことの大変さを実感した人も
います。勉強を忘れ、アルバイトばかりするのは困りものですが、社会人
としての予行演習、また自分の適性を知る意味でも、学生のうちにアルバ
イトをしておくのは意義のあることだと言えます。

語句　**本分(ほんぶん)** 본분 ｜ **稼(かせ)ぐ** 돈벌이하다, 열심히 일하다 ｜ **予行演習(よこうえんしゅう)**
예행연습 ｜ **適性(てきせい)** 적성 ｜ **意義(いぎ)** 의의

ダイアローグ

阿部　どうしたんですか。さっきから一人で何か言ってるみたいですけど。

ホン　明日アルバイトの面接があるので、練習してたんです。あの、面接ではどんなことを聞かれるんですか。

阿部　そうですね、「どうしてここで働きたいんですか」とか、「週何日来られますか」とかは必ず聞かれると思いますよ。で、何のアルバイトですか。

ホン　コンビニです。いろいろ悩んだあげく、コンビニが一番いいなと思って。いろんな経験ができるんじゃないかと思いまして。

阿部　そうですね。まあコンビニに限らず、アルバイトを通していろんな勉強ができますよね。

ホン　アルバイトをする上で言葉遣いはとても大切だと思ったんです。コンビニなら若い人に限らず、一日にいろんな人に会うでしょ。

阿部　なるほど。でも、コンビニって客にしたら本当便利ですけど、店員さんにしたら大変なアルバイトですよね。

ホン　はい。でもだからこそやってみようと思ってるんです。あとアルバイトする上で気をつけることって何ですかね。

阿部　ん〜、人間関係ですかね。アルバイト先によっては、仕事より大変ってところもあるみたいですから。

ホン　人・間・関・係……、これも勉強ですね。

語句　**面接(めんせつ)** 면접 ｜ **コンビニ** 편의점 ｜ **アルバイト先(さき)** 아르바이트 하는 곳

クイズ

クイズI ダイアローグの内容からの質問です。

1 ホンさんはどうしてコンビニでアルバイトすることにしましたか。

2 アルバイト先によっては仕事より大変なものは何ですか。

クイズII 次のクイズに答えなさい。

　皆さんはアルバイトをしたことがあるでしょうか。アルバイトは、お金がもらえることはもちろんですが、友達ができたり、学校で習わないことが勉強できたりして、とてもいい経験になると思います。これは外国でアルバイトする時も同じでしょう。しかし、外国の場合、少し違うところもあるようです。さて、今日のクイズです。「○」か「×」で答えてください。日本でアルバイトをする場合ですよ。

1 留学生は自由にアルバイトができる。
　「○」か「×」か。

2 持っているビザによってアルバイトできる時間の長さが違う。
　「○」か「×」か。

3 大学生や大学院生がアルバイトできる時間は1週間に28時間以内である。
　「○」か「×」か。

4 バーなどで客にサービスしてもよい。
　「○」か「×」か。

知っていると役に立つかもしれませんよ。

日本ではこんなアルバイトに人気があります。

- カフェスタッフ
- 家庭教師
- 居酒屋と飲食店のホールスタッフなど
- コンビニとスーパーの店員(レジなど)

パターントレーニング

1 ～に限らず ：範囲を限定していないことを表す表現。　　　　　Track 085

A：❶アメリカ人に限らず❷世界中の人がマクドナルドによく
　　行きますよね。

B：私もよく❸チーズバーガーを食べます。

A：私は❹ビッグマックです。

B：おいしいですものね。

❶ 洋食　　　　　　　　　❷ 和食も好きなんです
❸ てんぷら　　　　　　　❹ 特におすし

2 ～を通して ：「仲介者」や「経た過程」を表すときに使う。　　　Track 086

A：山田君が❶弁護士になったそうですね。

B：❷友人を通して聞きました。

A：本当だったら❸すごいですね。

B：今度、本人に聞いてみましょう。

❶ リストラされた　　　　❷ 会社の人
❸ 気の毒

3 ～上で ：「行動をして、その結果をもとに」の意味。　　　　　Track 087

A：もうすぐ❶論文発表です。

B：❷下調べをしっかりした上で❸発表するといいですよ。

A：はい、そうします。

B：当日は自信を持って❹発表してください。

❶ コンサート　　　　　　❷ リハーサル
❸ 舞台に立つ　　　　　　❹ 演奏

次の会話文で単語や表現を入れ替えて会話練習をしてみましょう。

④ 〜からこそ ：理由や原因を特に強調するときに使う。 Track 088

A：やっと❶大学に受かりました。

B：よく頑張りましたね。

A：❷医者になりたかったからこそ❸大学に行きたかったのです。

B：これから❹勉強が大変ですね。

❶ やせました
❷ モデル
❸ ダイエットできた
❹ 仕事

⑤ 〜によっては ： 前件の変化に関係して、後件も変わっていくことを Track 089
示す表現。

A：何をしているんですか。

B：来月の❶タイ旅行の計画をたてているんです。

A：❷ホテルによっては❸エアコンがないのでよくチェックしたほうがいいですよ。

B：そうなんですか。

❶ 日本
❷ 地域
❸ 梅雨入りしている

語句　範囲(はんい) 범위 ｜ 限定(げんてい)する 한정하다 ｜ 仲介者(ちゅうかいしゃ) 중개인 ｜ リストラ 인원삭감, 구조조정 ｜ 下調(したしら)べ 사전조사 ｜ コンサート 콘서트 ｜ リハーサル 리허설 ｜ 舞台(ぶたい)に立(た)つ 무대에 서다 ｜ 演奏(えんそう) 연주 ｜ 強調(きょうちょう) 강조 ｜ やせる 마르다 ｜ モデル 모델 ｜ 前件(ぜんけん) 전건, 앞에서 든 사건 ｜ 後件(こうけん) 후건, 뒤에서 든 사건 ｜ 梅雨入(つゆい)り 장마철에 들어감

フリートーキング

● アルバイト求人情報

A

Track 090

● 地域・最寄り駅
東京都渋谷区（渋谷駅）

● 募集職種
• ホールスタッフ（時給：850円〜）
• キッチンスタッフ（時給：870円〜）

● 待遇
• 制服貸し出し / 食事あり / 研修あり

● 勤務時間帯
10時00分〜翌1時00分（シフト制）

● 応募資格
• 未経験者ＯＫ
フリーター歓迎、学生歓迎、未経験者歓迎、
土日働ける方歓迎、長期歓迎

● 仕事内容
• ホールスタッフ：キッチンで作った料理や飲み物をお客様まで運んでいただきます。しっかりとした研修や面倒見が良い先輩スタッフがいるので、バイトが初めてという方にも安心です。
• キッチンスタッフ：料理の仕込みから盛り付け、焼く・煮るなどの調理、食器の洗浄までお願いします。まずは元気に大きな声と笑顔で働ける方なら大丈夫。

B

Track 090-01

● 地域・最寄り駅
東京都中央区（東京駅から徒歩2分）

● 募集職種
• ホールスタッフ（時給：950円〜）
• キッチンスタッフ（時給：950円〜）

● 待遇
• 制服貸し出し / 食事あり / 研修あり

● 勤務時間帯
15時00分〜24時30分（シフト制）
1日4時間、週2日から応相談

● 応募資格
• 未経験者ＯＫ、経験者優遇
フリーター歓迎、学生歓迎、未経験者歓迎、
土日働ける方歓迎、長期歓迎

● 仕事内容
• ホールスタッフ：お客様が楽しくお食事出来るように、気配りと笑顔で接客をお願いします。未経験でも安心で、自分自身のスキルアップができます。
• キッチンスタッフ：主な仕事内容は、お客様のために心を込めてお料理を作っていただくことです。料理が好きな方、歓迎。種類豊富なメニューを先輩が丁寧に教えてくれます。

語句 最寄(もよ)り駅(えき) 가장 가까운 역 | 翌(よく)〜 다음(날)의〜 | シフト制(せい) 이동제(도), 순환제(도) | 募集職種(ぼしゅうしょくしゅ) 모집직종 | 時給(じきゅう) 시급 | 応募資格(おうぼしかく) 응모자격 | 待遇(たいぐう) 대우 | 貸(か)し出(だ)し 대출, 빌려줌 | フリーター 프리타 '프리'(free) + '아르바이터'(Arbeiter)에서 유래 | 歓迎(かんげい) 환영 | 面倒見(めんどうみ)が良(よ)い 잘 보살피다 | 料理(りょうり)の仕込(しこ)み 요리의 사전준비 | 盛(も)り付(つ)け (음식을)보기 좋게 그릇에 담음 | 焼(や)く 굽다 | 煮(に)る 삶다 | 食器(しょっき)の洗浄(せんじょう) 식기세척 | 応相談(おうそうだん) 상담에 응함 | 気配(きくば)り 배려, 마음씀

116

A・Bの文章を使っていろいろ話してみましょう。

PART I 次の問いに答えなさい。

問題1 勤務時間帯でAとBの大きく違う点は何ですか。

問題2 応募資格でBではどのような人が優遇されますか。

問題3 A・Bともに待遇についてはどのように書かれていますか。

問題4 Aのホールスタッフにはどのような先輩がいると言っていますか。

問題5 A・Bともに安心してアルバイトができるのはどんな人だと言っていますか。

問題6 Bのキッチンスタッフは主にどのような仕事をしますか。

PART II 応用会話

1. あなたは今までアルバイトをしたことがありますか。
   それはどんなアルバイトですか。

2. アルバイトをする上でどんなことが大切だと思いますか。

3. アルバイトをして、何が学べると思いますか。

4. アルバイトと社員との違いは何だと思いますか。

5. アルバイトの面接ではどんなことが聞かれると思いますか。

6. あなたの国ではどんなアルバイトが大学生に人気ですか。

7. あなたはレストランでアルバイトをすることになりました。ホールスタッフまたは、キッチンスタッフのどちらをしたいですか。

会話のキーワード

- **お客様に対して笑顔(えがお)で接客(せっきゃく)すること**：손님에 대하여 웃는 얼굴로 접대하는 것
- **自分の接客スタイルを追求(ついきゅう)する**：자신만의 접대 스타일을 추구하다
- **小遣いのためのアルバイト**：용돈 벌이를 위한 아르바이트
- **お金の大切さが分かる**：돈의 중요함을 깨닫다
- **社会勉強のため**：사회 공부를 위해
- **仕事を通じて人間関係が築(きず)けること**：일을 통해 인간 관계를 구축할 수 있는 것

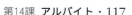

- ☐ 履歴書(りれきしょ) 이력서
- ☐ リクルートスーツ 리크루트 수트, (면접용) 정장
- ☐ ニート 니트
- ☐ ウエーター 웨이터
- ☐ ウエートレス 웨이트리스
- ☐ 居酒屋(いざかや) 선술집, 대중술집
- ☐ レストラン 레스토랑
- ☐ 飲食店(いんしょくてん)スタッフ 음식점 스태프
- ☐ 日当(にっとう) 일당
- ☐ 月給(げっきゅう) 월급
- ☐ 日払(ひばら)い 일 지불
- ☐ 週払(しゅうばら)い 주 지불
- ☐ 3K(危険(きけん)・汚(きたな)い・きつい) 위험하고 더럽고 힘든 것을 가리키는 말로 앞의 K만 따서 이르는 말
- ☐ 塾(じゅく)の講師(こうし) 학원 강사
- ☐ 日勤(にっきん) 매일 근무함, 주간근무
- ☐ 夜勤(やきん) 야근, 야간 근무
- ☐ 交通費(こうつうひ) 교통비
- ☐ 残業(ざんぎょう) 잔업

- ☐ 引越(ひっこ)し手伝(てつだ)い 이사 도우미
- ☐ 運転助手(うんてんじょしゅ) 운전 조수
- ☐ 皿洗(さらあら)い 접시닦이
- ☐ 販売員(はんばいいん) 판매원
- ☐ オペレーター 오퍼레이터
- ☐ アミューズメント従業員(じゅうぎょういん) 어뮤즈먼트 종업원
- ☐ コンパニオン(companion) 컴패니언, 내레이터 모델
- ☐ ガードマン(guard man) 가드맨, 경비원
- ☐ 土木作業員(どぼくさぎょういん) 토목공사 노동자
- ☐ レジャー 레저, 여가
- ☐ 求人情報(きゅうじんじょうほう) 구인정보
- ☐ フリーペーパー 광고 신문
- ☐ アルバイト情報誌(じょうほうし) 아르바이트 정보지
- ☐ 求人(きゅうじん)サイト 구인 사이트
- ☐ 正社員(せいしゃいん) 정사원
- ☐ 差別(さべつ) 차별

第15課
ゴミ

　　年々、ゴミ問題は深刻になっています。人が生活する上でゴミは必ず発生するものです。　ゴミ問題を解決するには何といってもゴミその物を減らすことが一番大切です。ゴミ問題を考える時に、よく使われる3つの言葉があります。「リデュース」「リユース」「リサイクル」で「3R」と呼ばれています。できるだけ、ゴミは作らないようにし、まだ使えるものはゴミにしないで、別の使い方を考えて、再利用するということです。

語句 　**リデュース(reduce)** 감량 | **リユース (reuse)** 재사용 | **リサイクル(recycle)** 리싸이클, 재활용

ダイアローグ

状況　にぎやかな通りを歩きながら。　Track 091

パク　いつまでそのペットボトルを持って歩いてるんですか。

松本　だって、ゴミ箱がないから持って歩くしかないじゃないですか。

パク　ん～、そう言えば、さっきからゴミ箱を見ないですね。

松本　でしょ。最近は、この辺に限らず、町からゴミ箱が減りつつあるそうですから。

パク　え？でも、そんなことしたら、町がゴミだらけになるんじゃないですか。

松本　まあ、いろんな理由があるんでしょうけどね。どこだったか忘れましたけど、8mおきにゴミ箱を置いてる遊園地があるそうですよ。

パク　それはいいですね。でも、それではゴミ箱だらけになるんじゃないですか。で、その8mって、何か理由でもあるんですか。

松本　人は心理的に、ゴミを持って歩いていると、8mくらいで捨てたくなるらしいんです。だから、8mに一つゴミ箱があるとポイ捨てがなくなるとか。

パク　ほお～、なるほど。でも、松本さんはゴミ箱がないにもかかわらず、ゴミを捨てないで持ってますね。

松本　当たり前です。ゴミ箱があってもポイ捨てする人もいますけど。結局、町がきれいになるかどうかは、その人次第じゃないですか。そうだ、今度一緒にその遊園地へ行ってみませんか。

語句　**ゴミ箱(ばこ)** 쓰레기통 ｜ **遊園地(ゆうえんち)** 유원지 ｜ **減(へ)る** 줄다 ｜ **ポイ捨(す)て** (별 생각 없이)가볍게 내던짐, 휙 내던짐

クイズ

クイズⅠ　ダイアローグの内容からの質問です。

1　ある遊園地で8mおきにゴミ箱がある理由は何ですか。

2　「町がきれいになるかどうかはその人次第」とはどういう意味ですか。

クイズⅡ　次のクイズに答えなさい。

　　私たちは毎日どのくらいのゴミを出しているのでしょうか。ゴミは毎日必ず出るものだけに、とても身近な問題です。さて、今日は日本のゴミに関するクイズです。A、B、Cの3つの中から答えを選んでください。

1　一人の人が一カ月にどのくらいのゴミを出すと思いますか。

　　A　約10kg　　　　　　B　約30kg　　　　　　C　約50kg

2　日本の家庭から出るゴミで一番多いのは何だと思いますか。

　　A　紙　　　　　　　　B　生ゴミ　　　　　　C　プラスチック

3　家庭から出るゴミとオフィスなどから出るゴミとではどちらが多いでしょうか。

　　A　家庭　　　　　　　B　オフィス　　　　　C　どちらも同じくらい

4　日本人一人が一年間に使う「わりばし」はどのくらいだと思いますか。

　　A　約50膳　　　　　　B　約100膳　　　　　C　約200膳

「ゴミを出さない」ことも大切ですね。

語句　膳(ぜん) 젓가락을 세는 단위, 식기나 요리를 놓는 상, 또는 그 요리

パターントレーニング

1 〜しかない ：一つのことだけを取り上げて、他の事を排除する表現。 `Track 092`

A：**❶**今日は誕生日なんですが、熱があるんです。

B：**❷**外食はできないんですか。

A：はい。**❸**家で寝ているしかありません。

B：**❹**治ったらお祝いしましょう。

❶ おなかがすいたんですが、仕事
❷ 誰かに頼むこと
❸ 自分でやる
❹ 終わったら一緒に食べに行きましょう

2 〜つつある ：動作や作用が進行していることを表す。 `Track 093`

A：**❶**春ですね。

B：**❷**遠くの山も緑になりつつあるのがわかります。

A：**❸**家のまわりも若葉でいっぱいです。

B：**❹**春は気持ちいいですね。

❶ 夏　　　　　　　　　　　❷ 暑く
❸ 町も半そでを着ている人　❹ 夏

3 〜だらけ ：悪い意味で「〜がいっぱいだ」というときの表現。 `Track 094`

A：今日**❶**弟の家の掃除をします。

B：**❷**男の人の部屋ってどんな感じですか。

A：**❸**ゴミだらけですよ。

B：それは大変そうですね。

❶ 子供部屋　　　　　　　　❷ 子供
❸ おもちゃ

次の会話文で単語や表現を入れ替えて会話練習をしてみましょう。

4 〜にもかかわらず ：「そのような事態であるのに」の意味。 Track 095

A：昨日、❶<u>TOEFL</u>を受けてきました。

B：どうでしたか。

A：❷<u>寝ずに勉強した</u>にもかかわらずできませんでした。

B：とにかく結果を待ってみましょう。

❶ ミュージカルのオーディション
❷ あれだけ練習した

5 〜次第 ：「〜によって決まる」の意味。 Track 096

A：❶<u>明日は遠足です</u>。

B：❷<u>雨が降らなければいい</u>ですね。

A：❸<u>遠足はお天気</u>次第ですからね。

B：❹<u>てるてる坊主でも</u>ぶらさげます。

❶ 私の部屋は狭いん
❷ 家具を減らしたら
❸ 部屋は使い方
❹ 服は棒をつけて

語句 | **排除(はいじょ)する** 배제하다 | **治(なお)る** 낫다 | **作用(さよう)** 작용 | **若葉(わかば)** 어린잎, 새잎 | **半(はん)そで** 반소매 | **事態(じたい)** 사태 | **とにかく** 어쨌든, 아무튼, 여하튼 | **ミュージカル** 뮤지컬 | **オーディション** 오디션 | **てるてる坊主(ぼうず)** 날씨가 개기를 기원해 처녀 끝에 매달아 놓는 종이인형 | **ぶらさげる** 매달다, 늘어뜨리다, 손에 들다 | **棒 (ぼう)** 봉, 막대기

フリートーキング

● 私達にできること

A

Track 097

　ゴミそのものを出さない、無駄なものは買わない、そして買ったものは長く使うなど生活の中からゴミの問題を見直していくべきだと考えます。買ったあとに、実は必要なかったということがよくあります。必要なものしか買わないようにするのも、ゴミを減らすための対策となるでしょう。また、リデュースの取り組みのために「過剰な包装は断る」「環境にやさしいものを選んで買う」などといった工夫も大切だと考えます。まずは、私たちの身近なところから始めることが重要だと思います。

B

Track 097-01

　私は安いからといって、不要なもの、あるいは必要な量以上を買ってしまうことがしばしばあります。たとえば必要以上に食料品を買ってしまい、結果食べ残したり、さらには封を開けることもなく消費期限が切れたりして捨ててしまうこともよくあります。まずは、必要なものだけを買うこと、そして、捨てるゴミの分別を適切に行うということが大切だと考えます。わたしたちが排出する再使用できないゴミは、リサイクルにまわすことになります。その時にはゴミの分別方法をしっかり守ることが大切だと思います。

語句 　無駄(むだ)だ 쓸데없다, 헛되다 ｜ 見直(みなお)す 다시 보다 ｜ 過剰(かじょう)だ 과잉이다 ｜ 断(ことわ)る 거절하다 ｜ 環境(かんきょう)にやさしい 환경에 좋다, 친환경의 ｜ 身近(みぢか)だ 아주 가깝다 ｜ しばしば 종종, 자주 ｜ 食(た)べ残(のこ)す 먹고 남기다 ｜ さらに 게다가, 한층 더, 새로이 ｜ 消費期限(しょうひきげん)が切(き)れる 소비기간이 끝나다 ｜ ゴミの分別(ぶんべつ) 쓰레기 분류 ｜ 適切(てきせつ)だ 적절하다 ｜ 排出(はいしゅつ)する 배출하다 ｜ 再使用(さいしよう) 재사용 ｜ リサイクルにまわす 재활용으로 돌리다

PART I 次の問いに答えなさい。

問題1 AとBは一部同じ意見を述べていますが、それはどんなことですか。

問題2 Aでは買ったものをどうすることから見直すべきだと言っていますか。

問題3 Bで必要以上に買ってしまうとどうなると言っていますか。

問題4 AとBはそれぞれどんなことが重要だと言っていますか。

問題5 私たちが排出した再使用できないゴミはどうなると言っていますか。

問題6 なぜ色々なことを工夫したり、守ったりしなければならないのですか。

PART II 応用会話

1. あなたの国ではどんなゴミ問題がありますか。

2. あなたの町はきれいですか。町の人たちはゴミをきちんとゴミ箱に捨てていますか。

3. ポイ捨てしている人を見てあなたはどう思いますか。

4. あなたはゴミを捨てる際、何か気をつけていることはありますか。

5. なぜゴミは増えてしまうのだと思いますか。

6. ゴミ問題を解決していくために、どんな工夫をしたら良いと思いますか。

7. あなたの国と日本のゴミ問題についてどのような違いがあると思いますか。

会話のキーワード

- **スーパーの袋はもらわず、マイバック(エコバック)を持っていく**：
  슈퍼봉투는 받지 않고, 마이 백환경 백을 가져 가다
- **家庭(かてい)ゴミの分別(ぶんべつ)を徹底(てってい)する**：가정 쓰레기 분리를 철저히 하다
- **生(なま)ごみはすべて家庭菜園(かていさいえん)で処理、堆肥化(たいひか)する**：
  음식물 쓰레기는 모두 가정텃밭에서 처리, 퇴비화한다
- **決められた集積所(しゅうせきじょ)に出す**：정해진 집합소로 보내다
- **粗大(そだい)ゴミ**：대형 쓰레기
- **可燃(かねん)ゴミ**：가연 쓰레기
- **不燃(ふねん)ゴミ**：불연 쓰레기
- **資源(しげん)ゴミ**：빈 병, 빈 캔, 신문지 등 재활용 가능한 쓰레기

VOCA+

- ☐ **エコ** (エコロジーの準末) 환경, 자연
- ☐ **エコ商品(しょうひん)** 친환경 상품
- ☐ **環境汚染(かんきょうおせん)** 환경오염
- ☐ **環境保護(かんきょうほご)** 환경보호
- ☐ **用水路(ようすいろ)** 용수로
- ☐ **廃棄物(はいきぶつ)** 폐기물
- ☐ **ごみ処理場(しょりじょう)** 쓰레기 처리장
- ☐ **持(も)ち込(こ)み** 반입
- ☐ **資源(しげん)** 자원
- ☐ **紙(かみ)** 종이
- ☐ **鉄(てつ)** 철
- ☐ **アルミ缶(かん)** 알루미늄 캔
- ☐ **ガラスびん** 유리 병
- ☐ **節約(せつやく)** 절약
- ☐ **節電(せつでん)** 절전
- ☐ **節水(せっすい)** 절수
- ☐ **気(き)をつける** 주의하다
- ☐ **しかられる** 야단맞다

- ☐ **お下(さ)がり** 물려 받음
- ☐ **回収業者(かいしゅうぎょうしゃ)** 회수 업자
- ☐ **廃品回収(はいひんかいしゅう)** 폐품 회수
- ☐ **ちり紙交換(がみこうかん)** 휴지 교환
- ☐ **住民(じゅうみん)** 주민
- ☐ **焼却炉(しょうきゃくろ)** 소각로
- ☐ **バイオマス (biomass)** 바이오매스
- ☐ **マテリアルリサイクル** 재생활용
- ☐ **マイはし** 개인용 젓가락
- ☐ **マイコップ** 개인용 컵
- ☐ **もったいない** 아깝다
- ☐ **中古品(ちゅうこひん)** 중고품
- ☐ **新品(しんぴん)** 새 물건
- ☐ **リサイクルファッション** 리사이클 패션
- ☐ **古着(ふるぎ)** 헌 옷
- ☐ **古本屋(ふるほんや)** 헌책방
- ☐ **フリーマーケット(フリマ)** 프리마켓, 중고 시장, 벼룩시장

買い物・ショッピング

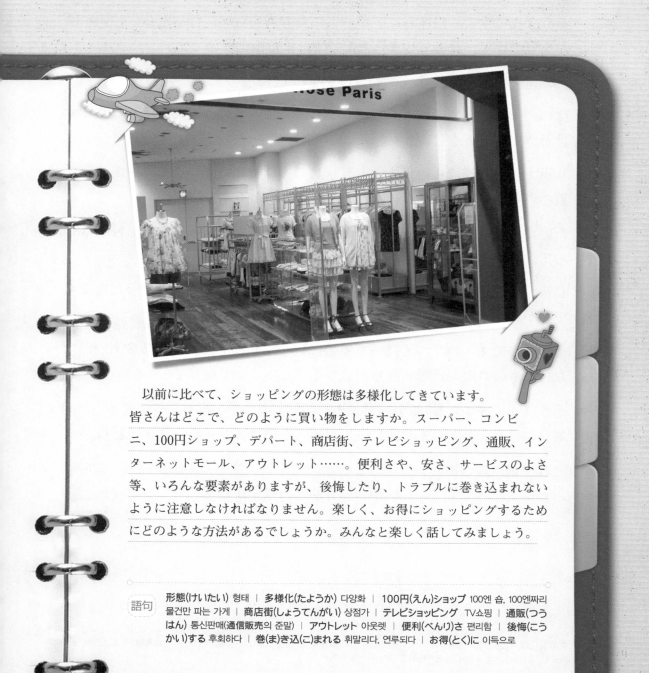

　以前に比べて、ショッピングの形態は多様化してきています。皆さんはどこで、どのように買い物をしますか。スーパー、コンビニ、100円ショップ、デパート、商店街、テレビショッピング、通販、インターネットモール、アウトレット……。便利さや、安さ、サービスのよさ等、いろんな要素がありますが、後悔したり、トラブルに巻き込まれないように注意しなければなりません。楽しく、お得にショッピングするためにどのような方法があるでしょうか。みんなと楽しく話してみましょう。

語句 形態(けいたい) 형태 | 多様化(たようか) 다양화 | 100円(えん)ショップ 100엔 숍, 100엔짜리 물건만 파는 가게 | 商店街(しょうてんがい) 상점가 | テレビショッピング TV쇼핑 | 通販(つうはん) 통신판매(通信販売의 준말) | アウトレット 아웃렛 | 便利(べんり)さ 편리함 | 後悔(こうかい)する 후회하다 | 巻(ま)き込(こ)まれる 휘말리다, 연루되다 | お得(とく)に 이득으로

ダイアローグ

キム　先輩、お疲れ様でした。あれ？ 先輩、それ新しいかばんですか。ん？でも朝見たのと違うような……。

吉田　そうなんですよ。昼休みにデパートにお弁当を買いに行ったら、いいかばんを見つけて、買ってしまったんです。また衝動買いです。

キム　「また」って、先輩、よく衝動買いするんですか。

吉田　はい。「本日に限り」っていうのに弱いんです。このかばんもそうなんですけど。でも5万もしました。

キム　5万！私の友達にもいますよ。テレビの通信販売で高いダイエット商品を買ったりする人が。でも、ほとんど使わないんですよね。

吉田　だいたいそうなんです。高いお金を出して買ったものの、一度も使わないってことがよくあるんです。

キム　じゃ、時間がたつにつれて、買わなければよかったとか思うようになるんですか。

吉田　その通りです。いくつも持ってるのに買ってしまうんです。今度来た時はないかもしれないと思ったら、欲しくてたまらなくなって……。

キム　そうなんですか。私は高い買い物をする時は、よく考えてからでないと絶対買いません。で、もし次に来てなかった時は、あきらめますけどね。

吉田　それが賢い買い物のし方かもしれないですね。でも、衝動買いも一つの癖みたいになってて……。何かいい方法ないですかね？

語句　衝動買い(しょうどうがい) 충동구매 ｜ 本日(ほんじつ)に限(かぎ)り 금일한정 ｜ 通信販売(つうしんはんばい) 통신판매 ｜
〜に弱(よわ)い 〜에 약하다 ｜ あきらめる 포기하다, 체념하다

クイズ

クイズI ダイアローグの内容からの質問です。

1 「衝動買い」とは何ですか。

2 吉田さんは「衝動買い」をした後、どんな気持ちになると言っていますか。

クイズII 次のクイズに答えなさい。

　皆さんはコンビニエンスストア(コンビニ)をどのくらい利用するでしょうか。日本には現在４万店以上のコンビニがあって、飲み物、お菓子、弁当などがよく売れているそうです。さて、今日はこのコンビニからのクイズです。

1 日本人が１年間にコンビニで使うお金は平均5,000円である。

　5,000円より「上」か「下」か。

2 コンビニにいる時間の平均は約10分である。

　10分より「上」か「下」か。

3 新商品は毎週少なくても30種類以上出る。

　30種類より「上」か「下」か。

4 コンビニでは、１年間で約５割の商品が変わる。

　５割より「上」か「下」か。

　コンビニには私たちが知らない、面白いことがたくさんありますよ。

　探してみましょう♪

パターントレーニング

1 〜に限り : 限定を表す表現。 `Track 099`

A：明日は❶子供と一緒に自然学習教室に行こうと思っているんです。

B：そうですか。いいですね。

A：実は明日から1週間、❷子供に限り、❸無料なんです。

B：それはいいことを聞きました。

❶ 彼氏と映画を見 ❷ カップル
❸ 50％オフ

2 〜ものの : 逆接の意味で、また前件の結果、予測に反したできごと `Track 100` が後件に来る。

A：今月の業績はどうですか。

B：❶売り上げは上がったものの、❷クレームがかなり多いんです。

A：それは困りますね。

B：何とか対策を考えたいと思います。

❶ かなり宣伝した ❷ 反応が薄い

3 〜につれて : 「〜にともなって」の意味で、前件が変わると、後件も `Track 101` それに比例して変わることを示す。

A：❶インターネットの普及につれて、❷メール社会になってきましたね。

B：そうですね。

A：そのせいで❸最近の若者は漢字が弱いそうですよ。

B：それは問題ですね。

❶ 会社でパソコンを使うことが増える
❷ パソコンスキルが重要 ❸ 年配の社員は大変だ

次の会話文で単語や表現を入れ替えて会話練習をしてみましょう。

④ **～てたまらない**：感情や感覚が激しいことを表す表現。　Track 102

A：❶久しぶりに休みが取れたので❷できたばかりの遊園地へ行きたくてたまらないです。

B：どんな❸乗り物が好きですか。

A：やっぱり❹ジェットコースターです。

B：私も好きです。

------

❶ 数日間洋食が続いた
❷ 日本食が食べたくて
❸ 料理
❹ おすし

⑤ **～てからでないと**：何かをする前に必要な条件を前件に表す。　Track 103

A：やっと❶論文を書きました。

B：❷これを提出しますか。

A：❸教授に聞いてからでないとわかりません。

B：そうですね。

------

❶ いい部屋を見つけました
❷ ここに引越しますか
❸ 母と相談して

フリートーキング

◉ ショッピング

A

Track 104

　自宅に居ながら、世界中のショップで買い物が楽しめるインターネットショッピング。思った以上に簡単で便利なことやいい商品が安く手に入ることから、よく利用されている。直接店に行かなくてもいいし、時間を気にせずゆっくり買い物ができるという点が大きなメリットになっているようだ。逆に、デメリットとしては直接商品を見ることができないという大きなリスクがある。また、個人情報の流出が心配だという声も多く聞かれる。しかし、不満や不安があるものの、利用する人はどんどん増えているのである。

B

Track 104-01

　近年、インターネットショッピングを活用する人が増えているが、それでも直接お店に行って買うという人もたくさんいる。直接商品が見られるので、品質が分かることや服の場合は試着ができるので、サイズの間違いもない。また、特に女性はウィンドーショッピングをすることで、ストレス解消になるという。インターネットショッピングは買いに行く手間が省けるが、好きなブランドやお店には、直接行くことで店員さんの話が聞けたりとメリットもたくさんある。

語句 | **逆(ぎゃく)に** 역으로, 반대로 | **デメリット(demerit)** 단점, 결점 | **個人情報(こじんじょうほう)** 개인정보 | **流出(りゅうしゅつ)** 유출 | **試着(しちゃく)** (옷을 살 때)옷을 입어 봄 | **ウィンドーショッピング** 아이쇼핑 | **ストレス解消(かいしょう)になる** 스트레스 해소가 되다 | **手間(てま)が省(はぶ)ける** 시간(노력, 수고)이 덜다 | **ブランド** 브랜드, 상표

PART I 次の問いに答えなさい。

問題1 Aのインターネットショッピングのメリットは何ですか。

問題2 Bは直接お店に行くと何ができると言っていますか。

問題3 Bではインターネットショッピングをすることで、何の手間が省けると言っていますか。

問題4 Aのインターネットショッピングのデメリットは何ですか。

問題5 Bでは、女性は何をすることでストレス解消になると言っていますか。

問題6 Aの人は不満や不安があると言っていますが、利用者はどのように変化していっていますか。

PART II 応用会話

1. あなたは、どこで買い物をしますか。それはどうしてですか。

2. あなたは衝動買いをしますか。そして、どんなときに衝動買いをしてしまいますか。

3. あなたは、インターネットショッピングをしますか。インターネットショッピングのメリット・デメリットは何だと思いますか。

4. ショッピングをする際、重視することは何ですか。

5. ショッピングをする目的は商品を買うこと以外にどんなことがあると思いますか。

6. あなたは、インターネットで買い物をして、気に入らなかったらどうしますか。

7. 買い物での失敗談を話してください。

会話のキーワード

- **価格が安いから** : 가격이 싸기 때문에
- **品ぞろえが豊富だから** : 상품이 다양하기 때문에
- **簡単に注文することができる** : 간단히 주문할 수 있다
- **商品の品質がいい** : 상품의 품질이 좋다
- **夜遅くまで営業している** : 밤 늦게까지 영업하고 있다
- **ストレス発散(はっさん)・楽しみ** : 스트레스 발산・즐거움
- **わくわくする** : 두근거린다
- **返品(へんぴん)する** : 반품하다

VOCA+

- ☐ ショッピングモール 쇼핑 몰
- ☐ 地下商店街(ちかしょうてんがい) 지하 상가
- ☐ ドラッグストア (drugstore) 약, 잡화, 담배, 잡지, 일용품 등을 판매하는 곳
- ☐ ディスカウントショップ (discount shop) 할인판매점
- ☐ 格安(かくやす)チケット 저가 티켓
- ☐ 金券(きんけん)ショップ 금권 숍, 화폐대신 통용되는 증권를 취급하는 가게
- ☐ レンタルビデオショップ 비디오 대여점
- ☐ 生活雑貨(せいかつざっか) 생활 잡화
- ☐ 日用品(にちようひん) 일용품
- ☐ 一括払(いっかつばら)い 일시불
- ☐ 分割払(ぶんかつばら)い 할부
- ☐ リボルビング払(ばら)い 리볼방식 지불, 각 회원마다 여신 한도액을 정해 놓고 한도 내에서 카드를 사용하는 제도, 매월 일정액을 분할해서 변제하게 됨
- ☐ 現金払(げんきんばら)い 현금지불
- ☐ 消費税(しょうひぜい) 소비세
- ☐ オークション 옥션
- ☐ 福袋(ふくぶくろ) 복주머니, 정월에 여러 가지 물건을 넣고 봉해서 싸게 파는 주머니
- ☐ 商品券(しょうひんけん) 상품권
- ☐ 福引(ふくびき) 추첨
- ☐ 景品(けいひん) 경품

- ☐ アフターサービス 애프터서비스
- ☐ 掘(ほ)り出(だ)し物(もの) 우연히 얻게 된 진귀한 물건, 뜻밖에 싸게 산 물건
- ☐ 催(もよお)し物(もの) 행사품
- ☐ 目玉商品(めだましょうひん) 인기상품
- ☐ 試着(しちゃく) 시착, 입어보는 것
- ☐ 値上(ねあ)げ 가격 인상
- ☐ 値下(ねさ)げ 가격 인하
- ☐ 大安売(おおやすう)り 염가 판매
- ☐ 売(う)りつくしセール 처분 세일
- ☐ お会計(かいけい) 회계
- ☐ 押(お)し売(う)り 강매
- ☐ すそ上(あ)げ 기장 줄임
- ☐ 色違(いろちが)い 다른 색
- ☐ 返品(へんぴん)する 반품하다
- ☐ 悪徳商法(あくとくしょうほう) 악덕 상법
- ☐ ねずみ講(こう) 범죄인 무한연쇄 상법
- ☐ クーリングオフ (cooling off) 쿨링 오프. 구입 후, 일정기간 무조건으로 계약 해제를 할 수 있는 법제도

第17課
若者ことば

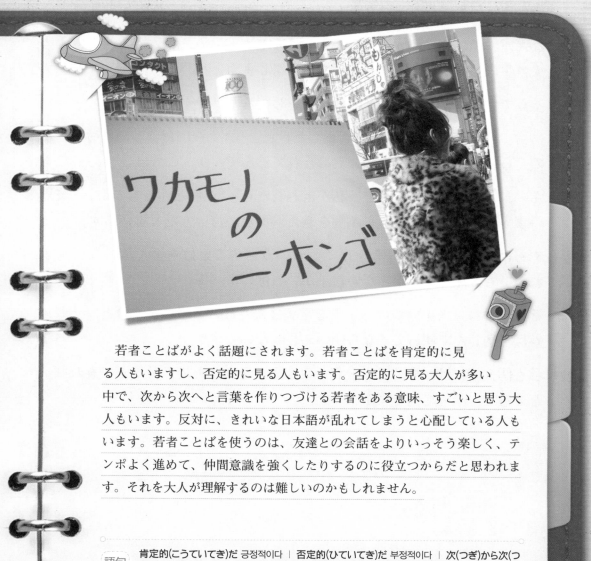

　若者ことばがよく話題にされます。若者ことばを肯定的に見る人もいますし、否定的に見る人もいます。否定的に見る大人が多い中で、次から次へと言葉を作りつづける若者をある意味、すごいと思う大人もいます。反対に、きれいな日本語が乱れてしまうと心配している人もいます。若者ことばを使うのは、友達との会話をよりいっそう楽しく、テンポよく進めて、仲間意識を強くしたりするのに役立つからだと思われます。それを大人が理解するのは難しいのかもしれません。

語句

肯定的(こうていてき)だ 긍정적이다 ｜ 否定的(ひていてき)だ 부정적이다 ｜ 次(つぎ)から次(つぎ)へと 계속해서 ｜ 作(つく)りつづける 계속 만들다 ｜ 仲間意識(なかまいしき) 동료의식 ｜ 役立(やくだ)つ 도움이 되다

ダイアローグ

松本　パクさん、ちょっとこちらへ来ていただけませんか。お話ししたいことが
あるんですが。

パク　な、何ですか。そんな怖い顔をして。私何か悪いこと言いましたっけ？

松本　いいえ、何も。ただ、パクさんにお話ししたいことがありまして。

パク　なんだ、急に怖い顔するんだもん、心配しちゃった。松本さんって、本当
大学生にしてはいつも丁寧な言葉遣いをしますよね。

松本　そうですか。フツーに普通の話し方をしてるだけですけど。

パク　あっ、「フツーに」で思い出しましたけど、「フツーにおいしい」って、ど
のくらいおいしいんですか。褒められてるんですか、これは。

松本　ん～、難しいですね。もし、私が言われたら、「二度と作るものか」って思
いますけどね。ですから、誤解を与えかねない言い方だと思います。

パク　やっぱりそうですか。テレビでこういう若者ことばをよく聞くんですよ
ね。でも、意味がわからない言葉がいっぱいあって。

松本　そうですね。人を傷つけるような言葉はよくないと思いますけど、それ以
外は、楽しんで使ってるならいいんじゃないですか。

パク　私も個人的には、悪くないと思いますよ。きちんと使い分けができれば。
ところで、話って何ですか。

語句　怖(こわ)い顔(かお)をする 무서운 얼굴을 하다　│　誤解(ごかい)を与(あた)える 오해를 주다　│　きちんと 잘 정리된 모양, 정확히,
깔끔히　│　使(つか)い分(わ)け 분간해서 씀

クイズ

クイズI ダイアローグの内容からの質問です。

1. もし、「フツーにおいしい」と言われたら、松本さんはどんな気持ちになると言っていますか。

2. 若者ことばについて、気をつけることは何だと二人は言っていますか。

クイズII 次のクイズに答えなさい。

　若者ことばの多くは、だんだん使われなくなり消えていきますが、中には新しく辞書に載せられるものもあります。「広辞苑」という辞書を知っていますか。24万語が載っている辞書です。この「広辞苑」に新しく下の言葉が載せられました。どんな意味でしょうか。

1. イケメン(いけ面)

「あそこの店、行こうよ。あそこの店員、みんなイケメンだし……。」

2. めっちゃ

「わあ、これ、めっちゃおいしい！」

3. 逆切れ (「きれる」は知っているでしょうか)

「図書館で『うるさい』って注意したら、逆切れされちゃってびっくりしたよ。」

4. さくっと

「仕事辞めるなんてさくっと言うから驚いちゃった。」

　いつ、どこで、だれに使うか考えましょうね。

語句 　広辞苑(こうじえん) 고지엔(일어사전의 일종) ｜ 載(の)せられる 실리다

パターントレーニング

1 **～っけ** ：記憶がはっきりしていないことを、確認するときに使用する。 **Track 106**

A：私が❶貸した本を返してください。

B：えー、❷借りましたっけ。

A：ええ、❸喫茶店へ行った時、貸してあげましたよ。

B：ああ、思い出しました。

❶ あげた指輪 ❷ もらいました

❸ 1年前に

2 **～もん** ：理由を表す文末表現。会話で使われることの多い、軽い文体での表現。 **Track 107**

A：❶怒っているの?

B：❷怒っていないよ。

A：だって急に❸にらむんだもん。

B：ごめんね。

❶ 泣いて ❷ 泣いて

❸ だまってしまう

3 **～にしては** ：逆接の意味で、していた期待に満たないこと、もしくは期待以上であることを表す表現。 **Track 108**

A：この❶ステーキ、おいしいですね。

B：そうですね。❷機内食にしてはおいしいですね。

A：やっぱり❸ビジネスクラスは違いますね。

B：そうですね。

❶ うなぎ ❷ 700円

❸ 産地直送販売

次の会話文で単語や表現を入れ替えて会話練習をしてみましょう。

4 **〜ものか** :「絶対に〜ない」の意味の強い反語表現。 Track 109

A : ❶最近、会社がつらくて、❷転職を考えています。

B : でも❸もうすぐ昇給でしょう。がんばりましょうよ。

A : そうですよね。ここで❹やめるものか。

B : そうそう。その意気ですよ。

❶ 今のプロジェクト
❷ あきらめようかと
❸ これが成功すれば、出世できる
❹ あきらめる

5 **〜かねない** :「良くないことが起きる可能性がある」の意味。 Track 110

A : ❶卵は健康にいいんですよね。

B : それはそうですが。

A : だから最近、❷卵だけ食べているんです。

B : そんなことしたら、❸栄養失調になりかねませんよ。

❶ スクワット
❷ 毎日500回して
❸ 腰を痛め

語句 | にらむ 노려보다 | だまる 입을 다물다, 가만히 있다 | **期待(きたい)に満(み)たない** 기대에 미치지 못하다 | **機内食(きないしょく)** 기내식 | **産地直送販売(さんちちょくそうはんばい)** 산지직송판매 | **反語表現(はんごひょうげん)** 반어표현 | **転職(てんしょく)** 전직, 이직 | **昇給(しょうきゅう)** 승급 | **出世(しゅっせ)** 출세 | **栄養失調(えいようしっちょう)** 영양실조 | **スクワット** 스쿼트

フリートーキング

◉ 若者ことばに対する意見

A

Track 111

　私としては、若者ことばは理解もできないし、あまり好きではありませんが、否定もしません。まだ、人々に受け入れられていない言葉に関しては、やはり使う時と場所を考えるべきだと思います。中には若者ことばを使うことで、知らず知らずのうちに相手に不快な思いをさせてしまうこともあります。若者からしたら、「わざと若者ことばを使っている」、「冗談だとお互いに分かっているから使うのは構わないと思う」といった意見なんです。つまり、私の考えは、時と場所をわきまえて使えば、何も問題ないということです。

B

Track 111-01

　若者ことばが浸透するにつれて、言葉の乱れが問題になっていると言われますが、それが果たしてそうなのかは分かりません。私は友だち同士、内々で使うときには問題ないと思います。確かに、若者ことばを聞いたときに、正しい日本語を使っていないと指摘したくなるときもありますが、それは時代の流れなのだと考えています。最近、大人も正しいことばを使っていないと言われるぐらいですから、まずは大人から正しい日本語を使うようにしなければならないと思います。大人が正しいことばを使えば、子どももそれをまねすると思います。

語句	構(かま)わない 상관없다 | わきまえる 가리다, 판별하다, 분간하다 | 浸透(しんとう)する 침투하다 | ～同士(どうし) ～끼리 | 内々(うちうち)で 집안끼리, 내밀하게 | 指摘(してき)する 지적하다 | 時代(じだい)の流(なが)れ 시대 흐름 | まねする 흉내내다

PART Ⅰ 次の問いに答えなさい。

問題1 A、Bともに若者ことばをどう考えていますか。

問題2 Aは何と何をわきまえれば、若者ことばは問題ないと言っていますか。

問題3 若者はどんな時に若者ことばを使いますか。

問題4 Bは若者ことばが浸透することをどのように考えていますか。

問題5 Bでは大人の日本語はどうだと言っていますか。

問題6 若者ことばを使うことで相手に与える印象はどうなるときもあると言っていますか。

PART Ⅱ 応用会話

1. あなたの国でも若者ことばがありますか。どんな若者ことばですか。

2. 若者ことばをどう思いますか。

3. なぜ若者ことばがあると思いますか。

4. 昔と今でことばの使い方が違いますか。

5. あなたは正しい言葉づかいができていると思いますか。

6. 若者ことばは言葉の乱れだと思いますか。

7. いつ頃から若者ことばができたと思いますか。

会話のキーワード

・**ことばは時代とともに変わる**：말은 시대와 함께 바뀐다
・**友達との会話をよりいっそう楽しくする**：친구와의 대화를 한층 즐겁게 하다
・**仲間以外の人には通じない**：동료 이외의 타인에게는 통하지 않는다
・**曖昧な表現**：애매한 표현
・**遠まわしに言う**：돌려서 말하다
・**強調として用いる**：강조하기 위해 이용한다(사용한다)

- [ ] 微妙(びみょう) 미묘
- [ ] マジ 진짜
- [ ] ありえない 있을 수 없다
- [ ] えらい 대단하다, 훌륭하다, 좋다
- [ ] どんだけ '가치가 얼마나 된다고'라고 상대를 비난하는 의미에서 시작하여 '멋지다' '대단하다'란 의미로까지 확대되어 사용
- [ ] ほんと 정말
- [ ] うそ 거짓말
- [ ] やばい 좋지 않은 상황이 예측되는 모양, 위험하다
- [ ] 萌(も)え 싹틈, 움틈
- [ ] なるほど 과연, 정말, 상대방의 말 따위에 맞장구를 칠 때 하는 말
- [ ] アラサー (around thirty) 30대 전후
- [ ] アラフォー (around fourty) 40대 전후
- [ ] KY (空気 読めない) 분위기 파악을 못함
- [ ] いやし系(けい) 위안 계 (편안함을 주는 부류)

- [ ] 草食男子(そうしょくだんし) 초식 남, 기존의 '남성다움'(육식적)을 강하게 어필하지 않으면서 초식동물처럼 온순하고 착한 남자를 이르는 말로 주로 자신의 취미활동에 적극적이나 이성과의 연애에는 소극적인 남자
- [ ] 肉食女子(にくしょくじょし) 육식 여자, 초식남의 반대어로 연애에 적극적인 여자
- [ ] 犬派(いぬは) 개를 좋아하는 사람
- [ ] ギャル男(お) 화려하고 패션감각이 뛰어난 남성
- [ ] モテ子(こ) 인기있는 여성
- [ ] ムカつく 속이 뒤집힐 만큼 화나다, (속어)열받다
- [ ] タメ 동갑
- [ ] ダサい 촌스럽다
- [ ] シカト 딴청(피움)
- [ ] キレる 이성을 잃다
- [ ] ガチで 정말로 (マジで와 같은 의미로 쓰임)
- [ ] ハンパ 어중간함. 또는 그런 것
- [ ] ビビる 위축되다, (속어)쫄다
- [ ] コケる 쓰러지다, 실패하다

ストレス・健康

　ストレスには、過労、悪い人間関係、不安などによって、自分
の体や心が苦しくなったり、嫌な気分になったり、やる気をなくした
りする悪いストレスもありますし、目標、夢、スポーツ、良い人間関係な
ど、自分を奮い立たせてくれたり、勇気づけてくれたり、元気にしてくれ
たりする良いストレスもあります。ですから、人生にはストレスが少なく
ても、多くても問題だと言えます。　適度な良いストレスを持つようにし、
悪いストレスは、できるだけ少なくし、解消していくことが重要です。

語句　**過労(かろう)** 과로 ｜ **苦(くる)しい** 괴롭다 ｜ **やる気(き)** ～를 할 마음, 의욕 ｜ **奮(ふる)い立(た)つ** 분발하다 ｜ **勇気(ゆうき)づける** 용기를 내게 하다 ｜ **できるだけ** 가능한, 되도록 ｜ **解消(かいしょう)する** 해소하다

ダイアローグ

キム　　はい、先輩どうぞ。疲れた時は甘いものが一番ですよ。

吉田　　ありがとうございます。あ〜、最近は忙しかったうえに、休みも少なかったでしょ。正直、疲れもストレスもピークですよ。

キム　　先輩もそうですか。私もそうですよ。先輩はこういう時、どうやってストレス解消してるんですか。

吉田　　お笑いを見て思いっきり笑ってます。そんなのでストレス解消できるわけがないと思ってるでしょ。でも、お笑いほどいいストレスの解消法はないですよ。

キム　　大きい声で笑うと健康にいいっていうのは聞いたことがありますけど。

吉田　　そうですよ。笑うとストレスが発散できるでしょ。で、ストレスが発散されると体にいいってことです。だから健康になる。

キム　　ちょっと信じがたい話ではありますけど。

吉田　　私も最初はそうでした。でもテレビでお笑いを見て、大きい声で笑う、これだけです。お金もかかりませんよ。キムさんのストレス解消法は？

キム　　私はおいしいものをたくさん食べることです。お店を調べたりするだけで楽しくなります。

吉田　　へ〜、そんな解消法もあるんですね。じゃ、今度仕事の話はぬきにして、おいしいものでも食べに行きましょうか。

語句　ピーク 피크 ｜ お笑(わら)い 만담, 웃음거리, 코미디 ｜ 思(おも)いっきり 맘껏 ｜ 発散(はっさん)する 발산하다

クイズ

クイズI ダイアローグの内容からの質問です。

1　吉田さんのストレス解消法は何ですか。

2　キムさんのストレス解消法は何ですか。

クイズII 次のクイズに答えなさい。

　ストレスが全くない人はいないと思います。仕事、勉強、人間関係などストレスの原因になるものはたくさんあります。今日のクイズのテーマは、ストレスです。ストレスについて、ちょっと考えてみましょう。

I．A～Cの中から答えを一つ選んでください。

1　ストレスを感じるのは？

A 人だけ　　　　　　B 人と動物　　　　　　C 人と動物と植物

2　ストレスに強いのは？

A 女性　　　　　　B 男性　　　　　　C どちらも同じ

II．「○」か「×」で答えてください。

1　大きい声で笑うとカロリーを消費する。
「○」か「×」か。

2　軽いストレスはあったほうがいい。
「○」か「×」か。

今日のクイズの答えについて、みなさんの考えはどうですか。

パターントレーニング

1 〜上に ： 良いことには良いことを、悪いことには悪いことを、 **Track 113**
重ねて言うときに使う表現。

A: ❶折り紙教室に行ってきました。

B: どうでしたか。

A: ❷不慣れな上に❸不器用なので大変でした。

B: ❹まだ始めたばかりですから。

❶ ハワイ　　　　　　　　　❷ 飛行機が遅れた
❸ かなりゆれた　　　　　　❹ 無事で何よりです

2 〜わけがない ：「そうなる理由・可能性が全くない」という意味。 **Track 114**

A: 何をしているんですか。

B: ❶怪談話ですよ。

A: ❷幽霊なんているわけがないでしょう。

B: そう言わないで、❸いっしょに聞きましょう。

❶ 昔のコンピュータが使えるか見ているんです
❷ こんなに古いものが今使える
❸ 試してみましょう

3 〜ほど〜ない ：「前件に並ぶものはない」の意味。 **Track 115**

A: ❶何を食べましょうか。

B: ❷すしを食べに行きませんか。

A: 初めてなのでうれしいです。

B: 本当ですか。❸すしほど❹おいしいものはないですよ。

❶ どこに行き　　　　　　　❷ ナミソム
❸ ナミソム　　　　　　　　❹ 美しいところ

次の会話文で単語や表現を入れ替えて会話練習をしてみましょう。

④ 〜がたい ：「〜するのが困難だ」の意味。

Track **116**

A：新しい**❶携帯電話を買おう**と思っているんですが。

B：どんな**❷機種**にするつもりですか。

A：**❸この黒いのも格好いいけど、シルバーも捨て**がたいし……。

B：迷っているんですね。

❶ 会社に営業に行こう
❷ 会社に行く
❸ A社は大きすぎるし、B社も大きくはないけれど近寄り

⑤ 〜はぬきにして ：「それはなしで」、「それを除いて」の意味。

Track **117**

A：今日は新年会にお招きいただき、ありがとうございます。

B：まあ、**❶かたいあいさつ**はぬきにして、**❷今日は楽しんでいってください**。

A：ありがとうございます。

B：乾杯！

❶ 会社の関係などの難しいこと
❷ 今後とも率直な意見を交わしていきましょう

語句 **重(かさ)ねる** 겹치다, 거듭하다 | **折(お)り紙教室(がみきょうしつ)** 종이 접기 교실 | **不慣(ふな)れだ** 익숙하지 않다 | **不器用(ぶきよう)だ** 손재주가 없다, 서투르다 | **全(まった)く** 완전히 | **怪談話(かいだんばなし)** 괴담이야기 | **幽霊(ゆうれい)** 유령 | **なんて** (의문·영탄의 뜻을 나타냄) 무어라고, 어쩌면 그렇게, 〜라는 둥, 〜라느니 하는 | **試(ため)す** 시험하다 | **困難(こんなん)だ** 곤란하다 | **機種(きしゅ)** 기종 | **迷(まよ)う** 헤매다 | **近寄(ちかよ)る** 접근하다, 다가가다 | **除(のぞ)く** 제외하다 | **招(まね)く** 초대하다, 부르다 | **率直(そっちょく)だ** 솔직하다 | **交(か)わす** 주고 받다

フリートーキング

● ストレス発散法

A

　私はストレスがたまるときは、一人でいるようにしています。私のストレス解消法は、ゆっくりお風呂に入ったり、寝たり、美味しいものを食べたり、テレビを見たりすることです。お風呂に入るときは、余計なことは考えずに、ぼーっとお湯につかることで一日の嫌なことも忘れ、スッキリすることができます。やっぱり仕事をするときは徹底的に仕事をして遊ぶときには思いっきり遊んだ方が良いと言うように、家に帰ったら仕事のことは忘れ、何も考えないようにするのが良いようです。

B

Track 118-01

　私は元々お笑いが好きなのでテレビ番組を録画しておいて、ストレスがたまったときは録画しているお気に入りの番組を見たり、お笑いのDVDをレンタルして見たりして、とにかく笑って発散しています。その他の方法は、友達と会って話をすることや友達と長電話することです。お互いに愚痴を言い合うと、スッキリした気分になれます。聞いてもらうばかりでは相手もストレスがたまってしまうので、お互いが言い合うようにしています。「笑う・話す」が私のストレス解消法です。

語句 **ストレス発散法(はっさんほう)** 스트레스 발산법 ｜ **ストレスがたまる** 스트레스가 쌓이다 ｜ **ぼーっと** 멍하니 ｜ **お湯(ゆ)につかる** 더운물에 담그다 ｜ **スッキリする** 개운하다, 상쾌하다 ｜ **徹底的(てっていてき)に** 철저하게 ｜ **思(おも)いっきり** 마음껏 ｜ **元々(もともと)** 원래 ｜ **録画(ろくが)する** 녹화하다 ｜ **お気(き)に入(い)り** 마음에 듦 ｜ **レンタルする** 대여하다

PART I 次の問いに答えなさい。

問題1 Aの人はどのようにストレスを解消していますか。

問題2 Bの人はどのようにストレスを解消していますか。

問題3 Aでお風呂に入るときはどうすると言っていますか。

問題4 Aの人は何と何を分けていますか。

問題5 Bでは愚痴を言うときはどのようにしていると言っていますか。

問題6 AとBのストレス発散法の違いは何ですか。

PART II 応用会話

1. あなたのストレス解消法は何ですか。

2. 最近ストレスがたまっていますか。どんなときにたまりますか。

3. ストレスがたまると、思わずやってしまうことは何ですか。

4. ストレス解消法で、あなたが一番効果があると思うことを教えてください。

5. ストレスを感じたときに出る症状はありますか。

6. 学校または、職場でのストレスの原因第1位は何だと思いますか。

7. ストレスは健康にどのような影響を及ぼすと思いますか。

会話のキーワード

- **ひたすら寝ること**：오직 잠만 자는 것
- **体を動かす**：몸을 움직이다
- **食べたり飲んだりする**：먹거나 마시거나 함
- **思い通りにいかない**：생각대로 되지 않는다
- **将来に対する不安**：장래에 대한 불안
- **職場の人間関係に気を遣う**：직장에서의 인간 관계에 신경을 쓰다

- ☐ **小言(こごと)** 잔소리
- ☐ **過労(かろう)** 과로
- ☐ **睡眠不足(すいみんぶそく)** 수면부족
- ☐ **重圧感(じゅうあつかん)** 중압감
- ☐ **ライバル** 라이벌
- ☐ **苦痛(くつう)** 고통
- ☐ **精神病(せいしんびょう)** 정신병
- ☐ **ノイローゼ** 노이로제
- ☐ **休息(きゅうそく)** 휴식
- ☐ **発散(はっさん)** 발산
- ☐ **欲求不満(よっきゅうふまん)** 욕구 불만
- ☐ **やる気(き)** 의지, 의욕
- ☐ **仮病(けびょう)** 꾀병
- ☐ **憂鬱(ゆううつ)** 우울
- ☐ **ひきこもり** 방에 틀어박혀 안 나오는 상태, 또는 그런 사람

- ☐ **気分転換(きぶんてんかん)** 기분 전환
- ☐ **はけ口(ぐち)** 배출구
- ☐ **いやし** 안락감, 위안감
- ☐ **アロマセラピー** 아로마테라피
- ☐ **カウンセリング** 카운셀링
- ☐ **カウンセラー** 카운셀러
- ☐ **リラックス** 릴렉스
- ☐ **ストレッチ** 스트레치
- ☐ **鍼(はり)** 침
- ☐ **お灸(きゅう)** 뜸
- ☐ **瞑想(めいそう)** 명상
- ☐ **快感(かいかん)** 쾌감
- ☐ **不快感(ふかいかん)** 불쾌감

第19課
目標・夢

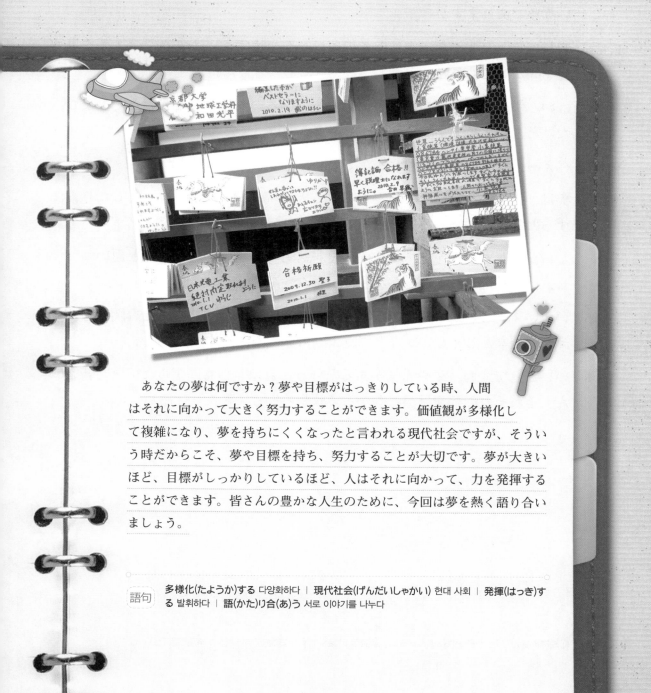

　あなたの夢は何ですか？夢や目標がはっきりしている時、人間はそれに向かって大きく努力することができます。価値観が多様化して複雑になり、夢を持ちにくくなったと言われる現代社会ですが、そういう時だからこそ、夢や目標を持ち、努力することが大切です。夢が大きいほど、目標がしっかりしているほど、人はそれに向かって、力を発揮することができます。皆さんの豊かな人生のために、今回は夢を熱く語り合いましょう。

語句　**多様化(たようか)する** 다양화하다 ｜ **現代社会(げんだいしゃかい)** 현대 사회 ｜ **発揮(はっき)する** 발휘하다 ｜ **語(かた)り合(あ)う** 서로 이야기를 나누다

ダイアローグ

状況 会社のオフィスでイ課長の転勤の話をしながら。　　Track 119

キム　課長が北海道に行ってしまうと寂しくなりますね。

イ　頑張ってきますよ。何と言っても、私には部長のように自分の家を持つという夢がありますから。

佐々木　課長のことですから、きっとその夢はかないますよ。キムさんは？夢や目標を聞かせてくださいよ。

キム　はい。これまでも部長や課長のもとで、いろいろ勉強させていただきましたけど、来年、大学院で勉強してみようと思ってるんです。

佐々木　へえ〜、昼働いて夜勉強するんですか。大変じゃないですか。

キム　実は、去年から計画していたんです。大学院を調べたり、貯金をしたり、ずっとこの計画に沿って準備してきました。

イ　しっかりした目標を立ててますね。私ももっと勉強しなければと思いつつも、仕事が忙しくてなかなか……。キムさんは、その点偉いですね。

キム　いえいえ、これからもこの仕事をしていくにあたって、もっと専門的な知識が必要なんじゃないかなと思うようになったんです。

佐々木　いいことですね、夢や希望があるということは。私も頑張らないと。皆さん、それぞれの夢や目標に向かって頑張ろうじゃありませんか。

語句　転勤(てんきん) 전근 | 貯金(ちょきん) 저금 | 偉(えら)い 훌륭하다 | 知識(ちしき) 지식 | 希望(きぼう) 희망

クイズ

クイズⅠ ダイアローグの内容からの質問です。

1　イ課長の夢は何ですか。

2　キムさんが来年計画していることは何ですか。それはどうしてですか。

クイズⅡ 次のクイズに答えなさい。

　皆さんが子供の頃に、将来なりたかった職業は何ですか。今でも同じですか。日本の小学生に「将来なりたい職業」を聞いたアンケートがあります。今日はここからクイズです。小学生に人気の職業はどのようなものでしょうか。男子、女子に共通して人気があるのは、「医者」「学校の先生」「まんが家」「パン屋・ケーキ屋」です。男子に人気があるもの、女子に人気がある職業を考えてみてください。

ヒント

［男子］

・一位は昔から同じです。
・何かを作る職業。
・男の子は車が好きですね。

［女子］

・○○師が人気です。

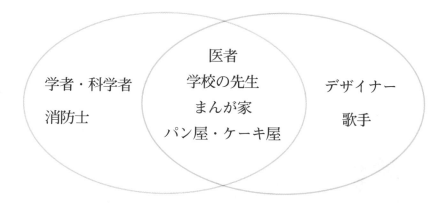

以前は総理大臣や社長も人気があったんですが……。

語句　職業(しょくぎょう) 직업 ｜ 消防士(しょうぼうし) 소방 대원 ｜ まんが家(か) 만화가 ｜ 総理大臣(そうりだいじん) 총리대신

パターントレーニング

1 〜のもとで ：「下で」、また「影響の範囲内で」の意味。 Track 120

A：あの❶上司のもとで❷働くのは大変です。

B：どうしてですか。

A：❸わがままで自分勝手ですから。

B：それは参りますね。

❶ 先生　　　　　　　　　　　❷ 手伝いをする

❸ 夜まで付き合わされます

2 〜に沿って ：「〜から離れないで」、「〜にしたがって」の意味。 Track 121

A：❶コンビニへはどう行ったらいいですか。

B：❷この道路に沿って行ったらいいですよ。

A：❸まっすぐ行ったらあるんですね。

B：ええ、そうです。

❶ シンポジウムはどう進めたら

❷ この資料に沿って進めたら

❸ ここに書いて

3 〜つつも ：逆接だが、前件と後件は同時に行われていることを
示す表現。 Track 122

A：❶失恋した友達を合コンに誘いました。

B：それは思い切ったことをしましたね。

A：❷迷いつつも来て楽しんでいました。

B：良かったですね。

❶ 先生をロックフェスティバル

❷ ロックは嫌いだと言いつつも

④ **〜にあたって**：「重要な時期に際して」の意味。 `Track 123`

A：すみません。❶<u>クレジットカードを作りたい</u>のですが。

B：それではこの用紙に記入してください。

A：これでいいですか。

B：はい。それからこの❷<u>ご利用</u>にあたっての注意をよく読んでおいてください。

❶ 論文を出したい
❷ 論文作成

⑤ **〜うじゃありませんか**：呼びかけて、強く提案する表現。 `Track 124`

A：今日は❶<u>先輩ばかりの忘年会</u>で緊張しますね。

B：❷<u>でも</u>せっかくの席だから、❸<u>楽しも</u>うじゃありませんか。

A：たくさん❹<u>話す</u>ようにしたいですね。

B：そうですね。

❶ 卒業式です
❷ 子供たちの高校生活最後の姿
❸ しっかり見よう
❹ 写真を撮りたい

語句　影響(えいきょう) 영향 ｜ 範囲内(はんいない) 범위내 ｜ 上司(じょうし) 상사 ｜ わがまま 제멋대로 굶, 버릇없음, 방자함 ｜ 自分勝手(じぶんかって) 제멋대로 굶 ｜ ですから 그러니까, 그래서 ｜ 参(まい)る 항복하다 ｜ 付(つ)き合(あ)う 교제하다, 사귀다 ｜ 進(すす)める 진행하다 ｜ 資料(しりょう) 자료 ｜ 同時(どうじ) 동시 ｜ 示(しめ)す 나타내다 ｜ 失恋(しつれん)する 실연당하다 ｜ 合(ごう)コン (단체)미팅 ｜ 思(おも)い切(き)った 대담한, 과감한 ｜ 時期(じき) 시기 ｜ クレジットカード 신용 카드 ｜ 用紙(ようし) 용지 ｜ 記入(きにゅう)する 기입하다 ｜ 呼(よ)びかける 호소하다, 소리질러 부르다 ｜ 忘年会(ぼうねんかい) 망년회, 송년회 ｜ せっかく 모처럼

フリートーキング

◉ 夢

A

Track 125

　私は来年、アメリカの語学学校に行くことが夢です。語学学校では、いろいろな国から留学に来ているクラスメートと友だちになり、語学を学ぶとともに色々な国の文化について知りたいです。そして、アメリカ人の友達を作り、友だちの輪を広げていけるように、英語を一生懸命勉強したいと思います。色々な国の人と触れ合うことで、日本の良いところ、悪いところが見えてきて、自分の国に対して以前よりも興味を持つことができるようになるのではないかと思います。今まで英語を勉強して来ましたが、英語がなかなか上達しなくて悩んだこともありました。でもこれからは今まで以上にもっと勉強をして、アメリカに行く夢をかなえたいと思います。

B

Track 125-01

　私の初めての海外旅行は韓国でした。少し韓国語を勉強して行きましたが、実際韓国人を目の前にしたら何も話せず、ショックを受けました。そこで、旅行から帰ってすぐ、韓国語が話せるようになりたいと思い、語学学校に通いました。そこの語学学校の韓国語の先生がとても親切な方で、韓国語の授業は笑いのたえない楽しいものでした。最初、授業は私のレベルより少し難しかったですが、徐々に聞き取りも話すこともできるようになりました。そこで、もっと本格的に勉強したいと思うようにになりました。今は、韓国の大学に留学することが私の夢です。

語句　**語学学校(ごがくがっこう)** 어학 학교, 어학원 ｜ **友(とも)だちの輪(わ)** 친구 관계 ｜ **広(ひろ)げる** 넓히다 ｜ **触(ふ)れ合(あ)う** 접촉하다 ｜ **上達(じょうたつ)する** 능숙해지다 ｜ **悩(なや)む** 고민하다 ｜ **聞(き)き取(と)り** 알아 듣기, 청해 ｜ **本格的(ほんかくてき)に** 본격적으로

PART I 次の問いに答えなさい。

問題1 Bでは何にショックを受けたと言っていますか。

問題2 Aで色々な国の人と友達になって、何を知りたいと言っていますか。

問題3 Aはどんなことで悩んでいましたか。

問題4 Bは旅行から帰ってどこに通いましたか。

問題5 Bの韓国語の先生はどんな先生ですか。

問題6 Aで色々な国の人に触れることで、日本のどういうところが見えてくるのではないかと言っていますか。

PART II 応用会話

1. あなたは今、どんな夢を持っていますか。

2. その夢をかなえるためには何をしなければなりませんか。

3. あなたがその夢を持ったきっかけは何ですか。

4. クラスメートの夢を聞いて、アドバイスまたは、応援メッセージを言ってみましょう。

5. あなたが生まれ変わって、なりたい「夢の職業」は何ですか。

6. 最も夢をかなえた有名人は誰だと思いますか。

7. あなたの国の未来にどんな夢があると思いますか。

会話のキーワード

- **大きな目標をたてて、そこに向かって進んでいく**：큰 목표를 세우고, 그 목표를 향해서 나아가다
- **日々の小さな目標をたてる**：매일의 작은 목표를 세우다
- **努力を継続する**：노력을 계속하다
- **何年か後の自分を想像する**：몇 년 후의 자신을 상상하다
- **一歩一歩、前に進む**：한 걸음 한 걸음 앞으로 나가다
- **継続は力なり**：계속하는 것이 힘이다

- [ ] 人生(じんせい) 인생
- [ ] 生(い)きがい 사는 보람
- [ ] やりがい 하는 보람
- [ ] 働(はたら)きがい 일하는 보람
- [ ] 目的(もくてき) 목적
- [ ] 目標(もくひょう) 목표
- [ ] 理想(りそう) 이상
- [ ] 運命(うんめい) 운명
- [ ] 幸福(こうふく) 행복
- [ ] 幸(しあわ)せ 행복
- [ ] 不幸(ふこう) 불행
- [ ] 不幸(ふしあわ)せ 불행
- [ ] 宿命(しゅくめい) 숙명
- [ ] 名誉(めいよ) 명예
- [ ] 野心(やしん) 야심
- [ ] 欲望(よくぼう) 욕망
- [ ] 名声(めいせい) 명성

- [ ] やりがいのある 보람이 있는
- [ ] 充実(じゅうじつ)した 충실한
- [ ] 適性(てきせい)に合(あ)う 적성에 맞는
- [ ] 将来性(しょうらいせい)のある 장래성이 있는
- [ ] 前向(まえむ)きだ 적극적이다, 진보적이다
- [ ] 可能性(かのうせい) 가능성
- [ ] 己(おのれ) 자기자신
- [ ] 奇跡(きせき) 기적
- [ ] 立身出世(りっしんしゅっせ) 입신 출세
- [ ] 順風満帆(じゅんぷうまんぱん) 순풍만범, 배가 돛에 순풍을 가득 받음, 일이 아주 순조로움
- [ ] 富(とみ) 부
- [ ] 権力(けんりょく) 권력
- [ ] 成功(せいこう) 성공
- [ ] 失敗(しっぱい) 실패
- [ ] 不屈(ふくつ)の精神(せいしん) 불굴의 정신
- [ ] 七転(ななころ)び八起(やお)き 칠전 팔기

◉ 下の質問について自由に話し合ってみましょう。

1. 年齢、性別を問わず、楽しめるスポーツは何だと思いますか。

2. 学生のうちにやっておきたいこと、または学生のときにやっておけば良かったと思うことは何ですか。

3. 「笑いをとるにはこの話しかない！」という、あなたのとっておきの面白い話を教えてください。

4. アルバイトを始めたとたんに、友達(子供)が勉強をまったくしなくなってしまいました。どんなアドバイスをしたらいいでしょうか。

5. あなたは泥だらけになるぐらい遊んだことがありますか。子供の頃どんな遊びをしていましたか。

6. 高いお金を出して買ったにもかかわらず、ほとんど使わなかったものはありますか。

7. 店員の態度によっては「二度とこんな店に来るものか」と思ってしまうことがあります。店員の態度に腹が立ったことがありますか。そのときのエピソードを話してください。

8. 天気次第で変わることもあると思いますが、明日から1週間休みになったとしたら、何をしたいですか。

9. あなたは、若者ことばに限らず流行語をどんどん使う方ですか。

10. 年を重ねるにつれて何か変わったことがありますか。

11. 仕事や勉強をする上で、ストレスをためないために、あなたはどんなことをしていますか。

12. 面白いわけがないと思って見た映画の中で、意外と面白かった映画は何ですか。

13. 「夢や目標が達成できるかどうかは○○次第」、あなたは○○にどんなことばを入れますか。

14. 何かをするかどうか何度も考えたあげく、「やっぱりやめた」ということはありますか。それはどうしてですか。

15. 結婚しない人が増えつつありますが、それはどうしてだと思いますか。

付録

여행

최근, 여행에 대해 내용을 중시하는 사람들이 늘고 있는 것 같습니다. 중시하는 것으로 말하자면 우선 관광지를 들 수 있습니다. 그 다음 조건으로 숙박장소가 많은 것 같습니다. 그리고 여행지에서의 요리도 빼놓을 수 없겠지요. 일상에서 해방되어 평상시의 피로를 풀고 또 조용하게 지낼 수 있는 장소를 구한다고 할 수 있겠지요.

🐾 ダイアローグ

홍　이제 곧 연휴네요. 아베 씨의 예정은요?

阿部　글쎄요. 요즘 좀 피곤한 기미가 있어서 온천에라도 들어가 느긋하게 지내고 싶어요. 당일치기 온천 버스 투어란 것도 있으니까요.

홍　당일치기말입니까? 하지만 온천이라고 하면 여관에 묵으면서 유카타를 입고 자기 방에서 식사를 하는 이미지인데요. 아, 그리고 탁구.

阿部　그건 나도 묵을 수만 있다면 이틀 정도는 묵으면서 느긋하게 지내고 싶은데요……. 그런데 홍 씨는요? 뭔가 계획은 있는 겁니까?

홍　예. 지금 2박 3일 여행을 계획하고 있는데, 홋카이도에 가 볼까 하고 생각하고 있습니다. 혼자서 가는 여행입니다.

阿部　혼자서 홋카이도를요? 그것도 좋을 것 같군요. 그런데 홋카이도에서는 무엇을 합니까?

홍　맛있는 것을 먹거나 관광하는 것은 물론이지만, 실은 렌트카를 빌려서 직접 좋아하는 곳에 가 보려고 합니다. 예쁜 경치를 사진에 옮기고 싶어서요.

阿部　그런 여행도 멋지겠네요. 나는 대개 투어에 참가하는 일이 많아요. 편하고, 요즘에는 만 엔 이하인 것도 있어요.

홍　예~에? 역시 투어에 비해 내 여행은 돈도 들기 때문에 혼자서 전부 하는 것은 힘들겠네요.

阿部　아니, 그 반면에 자유롭게 할 수 있어서 좋지 않습니까? 홋카이도라, 유명한 기념품이 무엇이었더라…….

クイズ I

1️⃣ ツアーに参加することが多いです。楽だし、一万円以下の安いツアーもあるからです。

2️⃣ 一人で二泊三日の北海道旅行を計画しています。北海道では、レンタカーを借りようと思っています。

クイズ II

1️⃣ 「×」温泉法では25度以上。

2️⃣ 「×」ただし、皮膚の弱い人はシャワーで流した方がよいこともある。

3️⃣ 「○」一般的には一日に3回くらいがよいとされる。

4️⃣ 「入る前」⇒「掛け湯」をすること。
　「入ってから」⇒「タオルを湯船につけない」こと。

🐾 パターントレーニング

1️⃣ ～気味 (～한 기미, 경향) : '약간～의 경향이 있다', '조금～의 느낌이 있다'는 뜻

A : 얼굴이 빨개요. 무슨 일입니까?
B : 감기 기운이 있습니다.
A : 그러면 따뜻하게 하고 자는 것이 제일 좋을 것 같습니다.
B : 그렇게 하고 싶지만 일이 있어서 그렇게도 못합니다.

① 파랗다　　　　　② 숙취
③ 해장술을 하다

2 ～といえば (～라고 하면) : 그 화제에서 대표적으로 연상되는 것에 대해 말할 때에 사용된다.

A : 일본의 드라마를 보려고 하는데 권하는 게 있습니까?
B : 어떤 드라마가 좋습니까?
A : 유명한 여배우가 나오는 드라마가 보고 싶습니다.
B : 일본에서 유명한 여배우라고 하면 역시 히로스에 료코가 아닐까요.

① 일본에서 온천에 가보려고
② 온천
③ 유카타를 입을 수 있는 온천에 가서
④ 유카타를 입을 수 있는 온천
⑤ 오에도 온천

3 ～ものなら (～라면) : 「～ば」와 같은 의미로 가정 조건을 나타내며, 실현되기 어려운 일에 사용된다.

A : 가능하면 지금 바로 고향에 돌아가고 싶습니다.
B : 무슨 일 있었습니까?
A : 도쿄 생활이 맞지 않습니다.
B : 그것은 곤란했겠군요.

① 돌아가다   ② 어머니가 쓰러졌다
③ 큰일이군요

4 ～に比べて (～에 비해서) : 비교해서 말할 때 사용한다. 「～に比べると」라고도 한다.

A : 타국에 비해 일본은 퍼스널컴퓨터의 보안 의식이 약하다고 들었습니다.
B : 그렇습니다.
A : 왜지요?
B : 업데이트가 귀찮기때문이겠지요.

① 다나카 씨는 주변사람   ② 작업이 늦군요
③ 감기기운이 있다

5 ～反面 (～반면) : 하나의 대상에 두 개의 다른 면을 대비시키면서 말하는 표현.

A : 아버님은 어떤 분입니까?
B : 글쎄요. 부드러우신 반면 예의범절 교육에 엄하세요.
A : 그래서 스즈키 씨가 사회성이 몸에 배어 있는 것이로군요.
B : 그렇습니까? 아버지께 감사드려야겠군요.

① 어머님
② 내가 하고 싶은 것을 존중해 주는
③ 남에게 폐가 되는 것을 아주 싫어하셨습니다
④ 어머니

🏆 フリートーキング

여행회사의 광고정보 데이터

A

삿포로 눈축제 & 관광
□ 2월 5일~2월 7일   □ 요금 : 35,000엔
　　1950년에 시작된 일본 겨울의 풍물인 '삿포로 눈축제'. 매년 200만 명 이상의 관광객이 방문하는 홋카이도의 일대 이벤트입니다. 행사장은 삿포로시내의 세 지역으로,「大通会場」「すすきの会場」「つどーむ場」에서 행해집니다. 올해(개최)로 제 61회를 맞이하여 점점 더 진화되고 있는 '삿포로 눈축제'를 당신도 보러 가지 않겠습니까?
투어 포인트
• 식사포함(저녁, 아침) → 저녁 : 왕게와 참게의 샤브샤브 셋트 / 조식 : 바이킹
• 삿포로 맥주박물관 견학(맥주 한잔 무료 시음!!)
• 삿포로 시내 관광 • 온천 리조트 호텔에 숙박

B

삿포로 눈축제(개최기간 : 2월 5일~11일)
스키&스노보드(삿포로 국제 스키장) 삿포로 국제 스키장까지 왕복 셔틀버스운영
　　인기 캐릭터와 국제적인 색채가 진한 건조물이 박력 있는 눈 조각상과 환상적인 얼음 조각상이 되어 등장. 삿포로가 눈과 얼음으로 꾸며진 일대 박물관으로 순식간에 바뀌는 매혹의 일주일입니다. 밤이 되면 일루미네이션과 라이트업으로 또 다른 로맨틱한 모습도 즐길 수 있습니다. 2박3일 ¥33,000(렌탈 스키 or 보드 셋트는 불포함)
투어 포인트
• 저녁포함(징기스칸) • 스키장 일일 무료 이용권
• 렌탈 스키 or 보드 셋트 1,000엔 할인

PART1

1. 「大通会場」、「すすきの会場」、「つどーむ会場」の３会場。

2. Aは雪まつりのツアー案内に関して、Bは雪つりの魅力や特典も書かれている点。

	A	B
期間	2月5日～2月7日	2月5日～2月11日
料金	35,000円	33,000円
朝食	O	X
温泉	O	X
スキー情報	X	O
市内観光	O	X

3. スキー場への往復送迎バスに乗れるし、スキー場を1日無料で利用できる(など)。

第2課 휴대폰·메일·스팸메일·인터넷

인터넷이 보급되어 전자메일이 커뮤니케이션 수단의 하나로 널리 사용되게 되었습니다. 그에 따라 일부 송신자들이 행하는 스팸메일의 대량송신은 많은 사람들에게 피해입니다. 스팸메일에 대한 대책으로서 즉시 할 수 있는 것은 수신거부 등록을 하는 것입니다. 그래도 줄어들지 않을 때는 메일주소를 변경하는 것도 좋겠지요. 절대로 회신해서는 안 된다는 것을 명심해야 합니다.

ダイアローグ

김 선배님! 좀 봐 주세요. 하루에 이래요.

吉田 아니? 이거 혹시 전부 스팸메일입니까?

김 예. 요즘 특히 심합니다. 이제 분류하거나 삭제하는 것 만으로도 몇 시간이나 걸려요.

吉田 그거 큰 일이네요. 중요한 메일을 보지 못하고 지나칠 염려도 있겠군요.

김 그렇습니다. 그래서 기업을 대상으로 메일체크 서비스를 해 주는 회사가 있다고 해서 부장님께 부탁해 볼까 하는데 어떻게 생각합니까?

吉田 괜찮지 않습니까? 데이터가 유출되면 더 큰일나니까요.

김 그렇지요. 그리고 실은 제 휴대폰에도 악성 스팸메일이 와서 시달리고 있어요. 한번 회신했는데 하루에 20건 정도 메일이 오게 되어 버려서요.

吉田 제목이 이상한 것은 열지 않는 편이 좋겠네요. 그리고 아는 사람한테 온 메일이라고 해서 무엇이든 열어보는 것도 위험하다고 생각해요.

김 예……. 조심하겠습니다.

吉田 그 다음은 대책이네요. 주소를 바꿔 버린다고 하는 것은 들은 적이 있지만요 정말 그걸로 될까라고 가끔 생각해요.

クイズⅠ

1 キムさんは、メールを振り分けたり、削除するのが大変だと言っています。吉田さんは、大事なメールを見落としたり、データが流出すると大変だと言っています。

2 件名からして怪しいものは開けないことと知

り合いからのメールだからといって何でも開けないことです。

クイズⅡ

1 C

2 B

3 C

＊ 名前は「ショルダーフォン」。当時はレンタルで新規加入料金が約8万円、通話料は6秒で10円だった。

パターントレーニング

1 ～おそれもある (～염려도 있다) : '～의 염려·위험 등 좋지 않은 것이 일어날 가능성이 있다'는 의미.

A : 다나카 씨는 아직 회사에 나오지 않으셨습니까?

B : 하지만 지금 무리를 하면 폐렴에 걸릴 염려가 있으니까요.

A : 어쩔 도리가 없네요.

B : 가만히 기다립시다.

① A사와의 계약이 체결되어 있지 않다

② 이쪽 조건을 강요하다

③ 역효과가 나다

2 ～向けに (～를 대상으로) : '～를 특정 대상·목적으로 하다'는 의미

A : 이 차는 일본차인데 어째서 왼쪽 핸들입니까?
B : 해외 수출용으로 만들어졌으니까요.
A : 그렇군요.
B : 일본과 영국 외에는 우측통행이 많으니까요.

① 젓가락은
② 짧다
③ 아이
④ 아이는 손이 작다

③ ~ばかりに (~바람에, ~탓으로) : 원인의 의미. 뒷절에는 나쁜 일이 생긴다는 내용이 이어진다. 회화체에서는 「ばっかりに」라고도 한다.

A : 좀 살찌지 않았습니까?
B : 그렇습니다. 실은 무리한 다이어트를 하는 바람에 원래대로 돌아와 버렸어요.
A : 조심하세요. 건강이 제일입니다.
B : 예. 앞으로는 몸을 먼저 생각하도록 하겠습니다.

① 얼굴이 빨갛습니다
② 어제 쭉 추운 곳에 있었다
③ 감기 걸려서

④ ~からして (~부터가, ~로 보아) : 「~をはじめとして」(~를 시작으로 해서)를 강조한 표현이며, 판단의 근거를 나타낸다.

A : 다카하시 씨는 손금을 보거나 예언을 할 수 있다고 해요.
B : 다카하시 씨란 그 영업부의 다카하시 씨 말입니까?
A : 그렇습니다. 나도 놀랐습니다.
B : 확실히 분위기부터가 신비해요.

① 하버드 대학의 박사학위를 가지고 있다
② (겉)보기
③ 공부를 잘 할 것 같다

⑤ ~からといって (~때문이라고 해도) : '아무리 ~란 이유가 있다고 해도'란 의미.

A : 왜 울고 있습니까?
B : 지시가 없으면 일을 하지 못하느냐고 부장님께 혼났습니다.
A : 확실히 지시가 없다고 해서 아무것도 하지 않는 것은 좋지 않아요.
B : 예. 앞으로 주의하겠습니다.

① 부장님께 혼났다
② 그렇게 신경 쓸 필요는 없어요
③ 감사합니다

フリートーキング

스팸메일의 종류

A

친구로 가장한 것
보내는 사람이 친구나 지인한테 온 메일도 '제목'이 영문인 경우에는 바이러스 메일일 가능성이 있습니다. 이상하게 생각되는 경우에는 열어보지 않는 편이 좋겠지요.
'오랫만이야' '잘 지내?' 등의 간단한 '제목'으로 보내진 스팸메일이 늘고 있습니다. 보내는 사람이 기억에 없으면 열어보지 않는 편이 좋겠지요.

기업을 가장한 것
개인정보를 얻으려고 하는 경우의 많은 수법입니다. 쉽게 회신하거나 본문 중의 주소를 클릭해서 개인정보를 연락하지 않도록 합시다.

B

TV 프로그램의 기획을 가장한 것
'얼마나 많은 사람들에게 메일이 가는지 조사 중' 등의 내용으로, 메일을 받는 사람은 여러 사람들에게 전송하라고 적혀 있다.

살인범 수사
'살인사건의 범인을 찾고 있는데 메일 전송을 중지한 사람은 범인으로 복수당한다' 등의 내용으로, 받는 사람은 여러 사람들에게 전송라고 적혀 있다.

신종 컴퓨터 바이러스에 관한 정보
'위험한 바이러스가 돌고 있으니 컴퓨터 내에 있는 파일(***.exe)를 삭제 합시다' 등의 내용으로, 실제로 지정된 파일을 삭제하면 컴퓨터가 가동하지 않게 된다.

PART1

1. 開けないほうがいい。
2. Aは友人や企業を装ったもので、Bは複数の人に転送するように書かれているもの。
3. Aは件名で送られてくるのに対して、Bは文面で送られてくる。
4. 安易に返信したり、本文中のアドレスをクリックして、個人情報を連絡しないようにする。
5. メールが届いても転送しないようにする。
6. コンピュータが起動しなくなるおそれがある。

제3課 내가 민감한 것

인간은 누구나 민감한 것이 있습니다. 패션, 화장, 기호품, 식사, 차, 인테리어…… 당신이 민감한 것은 무엇입니까? 민감하다는 것은 애매하게 하지 않고 철저하게 진짜를 추구하는 것이겠지요. 취미 세계에서 일의 세계까지 폭넓습니다. 그것은 프로 정신에도 연결됩니다. 몇 백 년이나 되는 전통의 맛이기도 하고 장인밖에 할 수 없는 수제 기술이기도 합니다. 사소한 것에서부터 큰 것까지 민감하고 싶어지는 대상이 있을 겁니다. 이번에는 그런 민감한 것에 대해 이야기해 봅시다.

ダイアローグ

吉田 후우~, 좀 쉬지 않겠습니까? 맛있는 커피 탈게요.
김 야호! 페퍼 드립으로 타는 그 커피입니까?
吉田 물론입니다. 그럼 좀 타 올게요.

커피를 타면서

김 그런데 선배님 항상 귀찮지 않습니까?
吉田 뭐, 수고로 말하자면 인스턴트 쪽이 훨씬 편하지만 역시 다른 사람이 마셔 주니까 기뻐해 주었으면 하지 않습니까?
김 그건 그렇지만……. 그런데 이 원두는 어디서 사왔습니까?
吉田 생원두를 인터넷으로 주문해서 쉬는 날에 직접 볶았습니다.
김 엣~! 그렇게까지 민감합니까? 대단하네요.

커피를 마시면서

김 아, 맛있어. 역시 볶아서 한 만큼 전혀 다르네요. 회사에서 이런 맛있는 커피를 마실 수 있다니 정말로 행복합니다.
吉田 그런 걸로 뭘 행복하다니……. 그런데 김씨는요? 무언가에 민감한 것이 있습니까?
김 글쎄요. 아! 있어요. 맥주입니다. 여러 가지 종류가 있지만 전부 다르잖아요. 게다가 맛있게 마시는 방법이 있어서 연구하고 있습니다.
吉田 헤에~, 커피든 뭐든 같네요. 공부하면 할수록 민감해지고 싶어지지요.

クイズⅠ

1 生の豆を買って自分で焙煎し、ペーパードリップでおいしいコーヒーを入れることです。
2 ビールの種類やおいしい飲み方です。

クイズⅡ

1 「お持ちします。」「お持ちしましょうか。」 「お手伝いしましょうか。」など
2 「ご説明くださりありがとうございます。」
* 授業後に学生が先生に対して言うのは、「ご苦労様でした」や「お疲れ様でした」ではなく、「ありがとうございました」と言うのが良いでしょう。

パターントレーニング

1 ~からいうと (~로부터 말하자면): 어떤 시점과 입장에서의 판단을 나타낸다.

A : 결론부터 말하자면 당신을 채용할 수 없습니다.
B : 그것은 왜입니까?
A : 우리 회사에서 원하는 것은 프로그래머이지 일반 사원이 아닙니다.
B : 그랬습니까? 유감입니다.

① 가장 중요한 일
② 이 차를 양도받는 일이
③ 브레이크가 말을 잘 듣지

2 **~からには** (~때문에 반드시) : 원인과 이유를 나타내는 「から」에 「には」가 붙어서 '~때문에 당연·반드시'란 의미.

A : 미국에 유학갔으니 되도록 많은 미국 사람과 친구가 되고 싶습니다.
B : 그것은 좋은 생각이군요.
A : 일본 사람하고만 사귀고 있으면 유학간 의미가 없으니까요.
B : 열심히 하세요.

① 마라톤을 시작했다
② 호놀룰루 마라톤에 나가고 싶다
③ 혼자서 연습
④ 하고 있어서 경쟁

3 **~だけあって** (~인 만큼) : 감탄·칭찬을 나타낸다. '~에 어울리는 가치가 있다'란 의미.

A : 부자인 만큼 입고 있는 것이 다르네요.
B : 그렇네요. 차도 고급차이네요.
A : 우리도 저런 식으로 되고 싶네요.
B : 분발해도 될 수 없겠지요.

① 머리가 좋다
② 동대(도쿄대학)에 들어갔다고 해요
③ 의학부라고 해

4 **~なんて** (~라니) : 예상 외의 사건이 일어난 것에 대한 놀라움을 나타낸다.

A : 그 사람이 사장이 되었다니 믿을 수가 없습니다.
B : 모든 사람이 추천했다고 해요.
A : 신뢰받는 성격이었겠죠.
B : 사람, 알 수 없는 것이네요.

① 저 작았던 사람이 모델
② 신장이 175 가 되었다
③ 농구로 컸다

5 **~ば~ほど** (~하면~할수록) : 하나의 일이 진행되는데 비례하여 다른 일도 진행된다는 의미.

A : 수학을 못 합니다.
B : 수학은 문제집을 풀면 풀수록 싫어집니다.
A : 그렇군요.
B : 계속하면 힘이 됩니다.

① 최근 마라톤을 시작했다
② 마라톤은 달리면 달릴(수록)
③ 좋아(집니다)

 フリートーキング

미용실에 민감

A

> **모든 손님께 만족을 제공할 수 있도록 대접합니다**
>
> 본점이 고집하는 것은 기술은 물론이거니와 심신의 편안함, 접객, 손님모두에게 지지를 받아 만족하게 해 드리는 것입니다. 넉넉한 공간과 인테리어, 차분한 조명이 이 곳이 도심이라는 것을 완전히 잊게 해 줍니다. '자신에게 어울리는 헤어스타일을 모르겠다', '이런 헤어스타일을 하고 싶다' 등 머리에 관한 고민이 있으신 분은 꼭 맡겨주시기를! 당신에게 맞는 스타일을 저희들이 잘 제안해 드리겠습니다.

B

> **당신의 개성, 거듭나는 매력을 꺼내드립니다.**
>
> 본점이 고집하는 것은 흰색을 기조로 한 산뜻한 가게 안에서 예뻐지는 한 때를 즐길 수 있게 하는 것입니다. '만족하실 수 있는 헤어 스타일의 제공'에 멈추지 않고 여러 가지 메뉴를 갖춰 '자기다운 아름다움'을 형성하는데 도움을 드리고 싶습니다. 손님 한 분 한 분의 가치관과 개성을 존중하여 보다 만족하실 수 있는 '미'를 제안하려하고 있습니다. 새로운 스타일을 제안하기 위해서 스태프 일동이 진심으로 기다리겠습니다.

PART1

1. お客様に満足してもらうこと。
2. Aがゆったりとした空間とインテリア、落ち着いた照明であるのに対して、Bは白を基調としたさわやかな店内である。
3. すべてにおいてお客様に満足してもらうことと、自分に合ったスタイルを提案すること。
4. お客様一人ひとりの価値観や個性を尊重し、よりご満足頂ける「美」の提案をすること。
5. 「自分に合った髪型が分からない」、「こんな髪型がしたい」など髪型に関する悩みが解決できる。
6. 「自分らしい美しさ」を見出してくれること。

第4課 샐러리맨의 점심

　　경기가 나빠지면, 절약하는 경향이 생겨 일본의 샐러리맨들 사이에서는 점심식사에 약간의 변화가 보이게 됩니다. 비용이 커지기 쉬운 외식을 그만두고 조금이라도 점심값을 절약하고자 하여 집에서 도시락을 가지고 오는 사람이 늘어납니다. 또 이 전에 비해서 건강에 신경을 쓰는 남성도 늘어나 적어도 점심 은 몸에 좋은 것을 먹고 싶다고 생각하는 사람이 늘고 있다고 합니다.

ダイアローグ

吉田　점심 먹고 오겠습니다. 어머 과장님, 오늘은 사랑스런 사모님께서 싸주신 도시락이네요?

이　　아, 응. 실은 요즘 좀 살찌는 경향이라서.

吉田　그러세요? 그럼 사모님께서 과장님을 위해 애정을 담아 만들어 주셨군요. 행복하시겠어요.

이　　응. 외식도 야채를 중심으로 하면 되겠지만 용돈도 깎여서말야. 그래서 도시락이 좋아서 했다기 보다는 도시락으로 할 수 밖에 없었다고 말하는 쪽이 맞을지도 모르겠네.

吉田　그렇지만 과장님 몸을 위해서는 좋지요. 저야 점심은 대부분 외식이기 때문에 아무래도 영양이 편중되어버리기 쉬워서요.

이　　그건 그렇네. 야채는? 섭취하려고 하고 있어?

吉田　네. 저녁은 직접 만들려고 하기 때문에, 거기서는 가능한 한 섭취하도록 하고 있어요. 그래도 충분하지 않을지 모르겠지만요.

이　　음, 그러면 요시다 군도 내일부터 도시락 싸오면 어때?

吉田　아.

이　　저녁 밥, 반찬을 조금 남겨 두면 아침에도 편하고 좋지 않아?

吉田　그렇네요. 이런 저런 것을 생각하면 도시락을 싸오는게 좋겠네요.

이　　그래. 일석이조 이상이 될지도 몰라

クイズ I

1 最近太り気味であることとお小遣いを減らされたことです。

2 吉田さんは、野菜が十分に取れず栄養が偏りがちだからです。

クイズ II

「さ」砂糖 /「し」塩 /「す」酢
「せ」しょうゆ (「せうゆ」という仮名遣いも使われていた)
「そ」味噌

クイズ III

1「○」
2「○」
3「×」

パターントレーニング

1 〜をこめて (〜을 담아서) : '기분 · 마음을 담아서. 집중해서' 라는 뜻.

A : 차가 매우 맛있네요.
B : 진심을 담아 탄 것인지도 모르겠네요.
A : 그렇군요. 역시 마음이 드러나는 것이군요.
B : 다나카 씨는 친절하니까요.

① 뜨겁다

② 미움

③ 무섭다(두렵다)

2 ~を中心に (~를 중심으로) : 사항 · 장소 · 집단 등의 중요한 것을 드는 표현.

A : 가장 중요한 것은 무엇입니까?

B : PC입니다. 요즘 세상은 PC를 중심으로 일이 진행되어 가기 때문입니다.

A : 작동하지 않게 되었을 때는 난감하겠군요.

B : 그렇습니다. 공황상태가 되어버립니다.

① 어린이 [아이]

② 어린이 [아이]

③ 생활하고 있습니다.

④ 병이 되었다.

3 ~というより~ (~라고 하기보다~) : 앞절의 내용을 완전하게는 부정하지는 않지만, 뒷절의 내용이 보다 적절하다는 것을 나타낸다.

A : 누나가 바이올린을 배우기 시작했습니다.

B : 그것은 잘됐군요.

A : 그렇지만 누나의 연주는 음악이라기보다 소음입니다.

B : 그건 큰일이군요.

① 과자만들기

② 누나의 과자는 음식

③ 예술작품

④ 꼭 보고 싶다

4 ~ざるをえない (~하지 않을 수 없다) : 자신의 의지와 반대로, 어쩔 수 없이 하지 않으면 안 된다는 뜻.

A : 다음 주 콘서트에 갈 예정이었습니다만…….

B : 갈 수 없게 되었습니까?

A : 갑자기 출장가게 되어서…….

B : 그건 유감이지만, 포기할 수 밖에 없겠네요.

① 하와이 여행을 하다

② 어머니가 입원하셔서

③ 어머니한테 가지(않을 수 없겠네요)

5 ~がち (~하기 쉬움) : 의도하지 않고 그렇게 되는 일이 자주 있다라는 뜻.

A : 시험 볼 때 자신의 이름 쓰는 것을 잊은 적은 없습니까?

B : 있습니다. 자주 있기 쉬운 실수지요.

A : 일전에 능력시험에서 이름 쓰는 것을 잊어버렸습니다.

B : 정말입니까? 어쩔 수 없군요. 다음에 열심히 하세요.

① 마크시트가 밀려 있었다

② 할(수 있는)

③ 해답란이 하나 남아서

フリートーキング

샐러리맨의 점심에 대한 목소리

A

저는 영업부라 외출하는 일이 많기 때문에 점심은 밖에서 먹습니다. 외식한다고 해도 경제적인면을 생각해서 합리적인 가격의 것을 고르는 것은 당연합니다. 그리고 점심을 먹는 시간이 별로 없거나 혼자서 먹는 일이 많기 때문에 간단하게 해결할 수 있는 패스트푸드 가게에 가는 일이 많습니다. 최근에는 메뉴의 가격을 올리는 음식점도 늘고 있습니다. 이렇게 해서는 경제적으로도 좋지 않고 또 매일 외식하면 건강에도 나쁘다는 것은 알고 있지만 외식으로 끝내는 것이 현 상황입니다.

B

저는 그날그날에 따라서 다르지만 절약하기 위해서 가능한 도시락을 지참하려 하고 있습니다. 또 점심은 개인적으로 식사를 하는 일이 많기 때문에 혼자 먹기에는 도시락이 편리하고 간단합니다. 직접 도시락을 만드는 것은 솔직히 힘들지만 좋아하는 것을 넣을 수 있고 건강에도 좋고 먹는 양도 조절할 수 있기 때문에 다이어트 효과가 기대되며, 또한 하나의 취미로써 즐길 수 있기에 앞으로도 계속하고 싶습니다.

PART1

1. 経済面を考えて、安いものを食べる。

2. 一人で食べることが多い。

3. Aは健康に悪いのに対して、Bは健康に良い。

4. 価格が上がっている。

5. 自分で弁当を作るので、好きなものを詰めることができたり、量を調節することができる。

6. 節約、ダイエット、一つの趣味として楽しむこと。

돈으로 살 수 있는 것과 살 수 없는 것

대부분의 물건은 많은 돈이 있으면 손에 들어옵니다. 그러나 아무리 많은 돈이 있어도 돈으로는 살 수 없는 것도 있습니다. 돈으로 살 수 없는 것으로 말하자면 가족이나 사랑, 우정……. 웃음도 그렇습니다. 마음속 깊은 곳으로부터의 행복한 웃음은 참으로 유쾌합니다. 그 순간이 행복인 것이지요. 병을 고치기 위해서는 돈이 필요하지만, 불치병이면 아무리 돈이 있어도 도움이 되지 않겠죠. 인생에 있어서 돈이란 무엇인가 함께 생각해 봅시다.

ダイアローグ

홍 어, 요시다 씨 오랜만입니다. 이제 괜찮으신겁니까?

吉田 네, 이제 괜찮습니다. 걱정을 끼쳐드렸네요.

홍 정말, 다행이군요. 그렇지만 빨리 야구하고 싶었던 것 아닙니까?

吉田 사실은 그래요. 병원에서는 야구 따위 절대 할 수 없으니까요. 그렇지만 이번 입원을 계기로 여러가지를 생각했습니다.

홍 네? 어떤 것을 말입니까?

吉田 건강의 고마움입니다. 병으로 입원이라도 하지 않으면 이것은 알 수 없으니까요. 건강은 돈으로는 살 수 없다고 생각했습니다.

홍 '건강은 돈으로는 살 수 없다'인가. 그렇지만 제 친구 중에, '돈으로 살 수 없는 것은 없다'고 말하는 사람이 있는 걸요.

吉田 그렇습니까? 약을 산다던가 수술을 받는다 던가 그런 얘기가 아닌데요. '건강하다' 라는 것이 얼마나 어려운 것인지.

홍 저도 돈으로는 살 수 없는 것이 많이 있지 않을까라고 생각합니다만. 형제라든가, 또 시간이라든가.

吉田 그렇군요. 확실히 청춘 시절 따위 두 번 다시 오지 않으니까요.

홍 청춘 시절인가……. 설사 아무리 돈이 있다고 해도 프로 야구선수는 될 수 없고요. 그렇지만 정말 돈으로 살 수 없는 것이란 없는걸까?

クイズ I

1 健康のありがたみで、健康はお金では買えないということです。

2 兄弟や時間です。

クイズ II

1 ただ

2 おや(親)

3 ねこ(猫)

4 やすもの(安物)

* 借金しすぎて、「くび(首)が回らない」

パターントレーニング

1 ～っこない (～리가 없다) : 일상회화에서 잘 사용되며 '절대로 ～지 않다'라는 뜻.

A : 대전 상대는 상당히 수준이 높은 듯 합니다.

B : 그러면 이길 수 있을 리 없겠군요.

A : 그래도 처음부터 포기해서는 안 됩니다.

B : 그렇군요. 어쨌든 힘냅시다.

① 라이벌 회사의 기획

② 내용이 좋다

③ 이번 낙찰이 잘 될 리

2 ～をきっかけに (～를 계기로) : 앞절에는 계기가 된 사건을, 문장의 뒷절에서는 새롭게 변화된 사건을 말할 수 있다.

A : 그녀와 언제부터 사이가 좋아진 것입니까?

B : 산에 함께 갔던 것을 계기로 사이가 좋아졌습니다.

A : 그렇습니까? 즐거워 보이네요.

B : 그렇지만 아직 이주일인데요.

① 유도를 시작했다
② 아버지가 권하신 것
③ 시작했습니다

③ ~ないことには (~없이는) : 뒷절의 내용을 이루기 위해서는 앞절의 내용이 필요하다라는 뜻을 나타낸다.

A : 온천에 관한 기사를 써 주세요.

B : 그럼 우선 내일, 사진을 찍으러 다녀오겠습니다.

A : 그렇군요. 사진이 없이는 기사를 쓸 수 없으니까요.

B : 네. 재미있는 기사가 되도록 열심히 하겠습니다.

① 경기
② 인터뷰를 하(러)
③ 인터뷰를 하(지 않고는)

④ ~ことか (~인가, ~일지) : 정도나 양이 명백하다라는 의미의 감정이 담겨있는 표현.

A : 어제 아이가 백화점에서 미아가 되었습니다.

B : 저런 얼마나 걱정했었을지.

A : 데리러 갔더니 울고 있었습니다.

B : 앞으로는 손을 놓지 않는 것이 좋겠어요.

① 혼자서 캠프에 다녀왔습니다
② 아이는 얼마나 불안했을
③ 그렇지만 자립심을 키우도록 했다

⑤ たとえ~としても (설사~라해도) : '어떤 경우라도' 라는 뜻.

A : 왜 기획서를 빨리 내지 않는 겁니까?

B : 이 기획은 잘 될 것 같지 않기 때문에 할 마음이 안 생깁니다.

A : 설사 잘 되지 않는다 하더라도 거기에서 배우는 것은 큽니다.

B : 그렇군요. 죄송합니다.

① 함께 기획을 진행하고 있는 가토 씨가 비협력적이기(때문에)
② 두 사람의 사이가 나쁘다
③ 일은 일

フリートーキング

돈이란?

A

돈은 '생활을 충실하게 하는 수단'이라고 생각합니다. 돈이 있으면 고가의 물건을 살 수 있다. 좋아하는 것을 할 수 있다. 그렇지만 돈이 있는 것만으로 '행복' 한가 하면, 그렇지 않다고 생각합니다. 저는 지금까지 '행복'은 전부 돈에 의해 충족되고 있다고 느낀 적이 없습니다. 저는 앞으로도 욕심내지 않고 균형있게 돈과 정신 면을 채워서 살아가는 것이 이상입니다. 돈을 많이 가지고 있어서 사람의 마음이나 기분까지 살 수 있다는 생각을 가지는 것은 결코 좋은 것이 아니라고 생각합니다.

B

저에게 있어 돈이란, 살아가는데 있어 필요한 것입니다. 돈이 없으면 사는 것도 먹는 것도 옷을 사는 것도 할 수 없습니다. 돈을 가지고 있는 사람은 일반적으로 마음도 여유가 있다고 생각합니다. 무엇을 하던지 간에 돈이 드는 세상이기 때문에 있으면 있을수록 이런 저런 면에서 여유를 가질 수 있다고 생각합니다. 그렇지만 최근 돈과 같은 정도로 소중하다고 생각하는 것은 '시간' 입니다. 시간은 돈으로는 살 수 없습니다. 또 되돌릴 수도 없습니다. 돈과 시간이 있으면 그 나름대로 만족한 생활을 할 수 있지 않나 라고 생각합니다.

PART1

1. お金と精神面。
2. お金と時間。
3. 生きていくのに必要なもの。
4. Aはお金を沢山持っていれば良いというものではないと言っているのに対して、Bはあればあるだけいろんな面で余裕が持てると思っている。
5. 一般的に心にも余裕がある。
6. 時間。

第6課 친구

인생의 4분의 1에나 상당하는 학창시절에 만난 친구와는 이런 저런 추억들이 있겠지요. 첫사랑을 이야기 한 적도 있거니와 이런 저런 꿈을 이야기 한 적도 있을 것입니다. 사적인 것이나 여러 가지 고민을 상담할 수 있는 것도 역시 친구입니다. 점점 어른이 되어 가면 어릴 적에 비해 새로운 친구는 만들기 어려워집니다. 한 명이라도 좋으니까 멋지고 진정한 친구를 가지고 싶습니다. 지금까지의, 그리고 앞으로의 둘도 없는 친구를 소중히 합시다.

ダイアローグ

홍　요즘, 동아리의 모두가 모이는 것이 상당히 줄었군요.

阿部　그렇지요. 모두 시험이나 취직활동으로 동아리 활동을 할 때가 아니겠죠.

홍　놀고 있기만 할 수 도 없고요. 아베 씨는 어릴 적 어떤 것을 하고 놀았습니까?

阿部　글쎄요. 여자 친구와 인형으로 놀았나. 홍 씨는요?

홍　저는 틈만 나면 야구를 했습니다. 그리고 여름이면 그대로 강에 가서 어두워질 때까지 헤엄치곤 했습니다. 정말 매일이 즐거웠습니다.

阿部　아~, 그 때 친구들과는 지금도 자주 만나세요?

홍　네. 고향에 돌아갈 때마다 함께 술을 마시거나 합니다. 아베 씨는요?

阿部　제가 제일 사이 좋았던 친구는 초등학교 6학년 때 전학 가서 그 뒤로 만나지 못했습니다. 만나보고 싶다~.

홍　요즘 '돈으로 살 수 없는 것'이라는 얘기를 한 지 얼마 안 되었지만, 친구도 그 중 하나겠죠. 그 때로 돌아가고 싶네요.

阿部　그래요. 앞으로 사회인이 되면 그 때 같은 친구가 생길 수 있을까요?

クイズⅠ

1 試験やら就職活動やらでサークルどころではないからです。

2 ホンさんは田舎に帰るたびに一緒にお酒を飲んだりしています。阿部さんは一番仲が良かった友達が小学校６年生の時に転校して、それっきり会っていません。

クイズⅡ

1 友
2 仲
3 交

パターントレーニング

1 ~やら (~이나) : 일을 열거할 때 사용한다. 열거의 용법 중에서도 특히 정리되지 않은 모습을 나타낸다.

A : 이곳의 앤틱 샵에는 그림이나 접시가 많이 있습니다.
B : 그건 재미있을 것 같네요.
A : 가보고 싶으세요?
B : 꼭 부탁 드려요.

① 백화점 지하
② 중화요리
③ 일식

2 ~どころじゃない (~할 때가 아니다) : '그와 같은 동작, 활동을 할 수 있는 상황이 아니다'라는 의미.

A : 어디에 가십니까?
B : 축구 보러 갑니다.
A : 네? 오늘은 태풍이 와요.

B : 정말이에요? 이건 축구 볼 때가 아니네요.

---

① 피아노 교실
② 히로스에 료코가 영화 촬영하러
③ 피아노

③ ~さえ~ば (~만 ~하면) : '유일의 조건이 채워지면' 의 의미. 혹은 반사실(反事実) 표현에도 자주 사용된다.

A : 교통사고가 나서 입원했습니다.
B : 큰일이었군요.
A : 다리의 상처만 나으면 퇴원할 수 있습니다만.
B : 그래도 가볍게 끝나서 다행이네요.

---

① 근무하던 회사가 부도나서
② 일만 찾으면 그녀와 결혼
③ 버려지지 않아서

④ ~ものだ (~곤 했다) : 과거를 회상하는 표현.

A : 학생 때는 이 찻집에 자주 오곤 했습니다.
B : 저도 자주 왔습니다.
A : 과일 파르페가 싸고 맛있었습니다.
B : 그리운 추억이 가득하네요.

---

① 작다
② 공터에서 야구를 자주 했었다
③ 했습니다
④ 지금은 공터가 없어졌습니다

⑤ ~きり (~이후, ~한 채) : '앞 절을 한 다음에, 계속 ~'의 의미.

A : 오래간만입니다.
B : 미국에 간 길로 연락이 없었기 때문에 어떻게 지내고 있을까 생각하고 있었습니다.
A : 겨우 일본에 돌아왔습니다.
B : 정말로 오랜만이어서 반갑습니다.

---

① 오늘 밤은 본격적인 인도 카레
② 1년 전에 먹고
③ 먹지 않아서 또 먹고 싶다
④ 만드는 법을 배웠습니다

フリートーキング

친구(인간관계)

A

> 좋은 인간관계를 구축하기 위해서는 '자신을 상대에게 좋게 보이다', '상대를 좋게 보려고 한다' 는 마음가짐이 필요하다고 생각합니다. 좋은 인간관계를 구축하는 데는 그 사람의 성격 등도 영향을 미치기 때문에 매우 어려운 것입니다. 그러나 작은 배려로 상당히 인간관계는 원활해집니다. 예를 들어 '항상 웃는 얼굴을 마음쓴다'나 '이야기를 들을 때 알맞게 맞장구를 친다.' 등 입니다. 인간은 웃는 얼굴의 사람이나 자신의 이야기를 호의적으로 들어주는 사람에게 좋은 인상을 가집니다. 이러한 작은 것에서부터 좋은 인간관계를 만들어갈 수 있는 겁니다.

B

> '배려하는 마음을 가지고 있다.' 고 해도 표면만으로는 좋은 인간관계를 만들 수 없다고 생각합니다. 상대에 대한 배려의 마음은 적극적으로 어필하는 것이 중요합니다. 배려하고 행동했다 하더라도 그것이 상대에게 통하지 않았다면 의미가 없기 때문입니다. 그리고, 두 번째로 중요한 것은 얼굴의 표정이라고 생각합니다. 항상 웃는 얼굴의 사람을 보면 역시 좋은 인상을 가집니다. 부정적인 표정을 하고 있는 사람에게는 다가가기 어려운 것입니다. 배려의 마음이 있는 사람은 자연스럽게 얼굴의 표정도 좋아진다고 생각합니다.

PART1

1. 顔の表情。特に笑顔。
2. 良い印象を持つ。
3. 話を聞くとき、程よく相づちを打つこと。
4. 円滑な人間関係を築くことができる。
5. 相手への思いやり。
6. 相手への思いやりの気持ちを積極的にアピールすること。

第7課 주택·집

일본 주택의 특징의 하나인 다다미는 습기가 많고, 여름은 덥고 겨울은 추운 일본의 기후에 적합하여 예로부터 주택에 빼놓을 수 없는 존재였습니다. 다다미는 골풀이라는 식물을 사용하고 있지만, 다다미 중에는 공기가 차 있어서 열을 전달하기 어려운 성질이 있습니다. 그 때문에 여름은 시원하고 겨울은 따뜻하게 지낼 수 있도록 되어 있는 것입니다. 또 다다미에는 소리를 막는 효과나 공기를 깨끗하게 하는 효과도 있어 쾌적하게 지낼 수 있습니다. 그리고 다다미는 잘 손질하면 오래 계속해서 사용할 수 있다라는 점도 특징의 하나 입니다.

ダイアローグ

파티 전에

吉田　부장님, 오늘(은) 초대해 주셔서 감사합니다. 이거 샴페인입니다. 저희가 드리는 축하선물입니다.

佐々木　앗! 고마워. 나중에 다같이 건배할까요?

김　부장님, 댁이 근사해요. 밝아서 기분이 좋습니다.

佐々木　고마워. 방 넓이는 그렇다 치고 단독주택이든 맨션이든 어쨌든 햇빛은 고집하고 싶어서.

김　정말 볕이 드는 것이 최고네요. 실은, 저 지금 방을 찾고 있습니다만, 좀처럼 좋은 물건이 없어서 난감해 하고 있거든요.

佐々木　역시 역에서 가깝고 방세도 비교적 싼 곳이 좋은 걸까요?

김　네, 물론 가능하면 그런 방이 좋겠지만, 저는 보안이 잘 되어 있는 곳을 찾고 있거든요.

吉田　확실히 여성을 노린 범죄는 줄기는커녕, 점점 늘어가기만 한다고 하니까요.

파티가 끝나고 돌아가는 도중

吉田　아~, 왠지 갑자기 집이 갖고 싶어졌다.

김　부장님께서 말씀하셨어요. 앞으로 35년 대부금이 있다던가.

吉田　어? 그런가, 그게 있었군요.

クイズ I

1 太陽の光、日当たりです。

2 駅から近いことや家賃はもちろんですが、セキュリティーを重視しています。

クイズ II

1 30

2 日当たり, 南

3 コンビニ, スーパー, 道路

4 お風呂, トイレ

5 ベランダ, 布団, 洗濯物, ほす(干す)

パターントレーニング

1 ～はともかく (～은 어쨌든간에) : 앞의 화제는 제쳐두고, 보다 중요한 화제를 뒤에 나타낸다.

A : 역 앞에 새로운 레스토랑이 생겼네요.
B : 맛은 그렇다치고 가격은 싼 듯해요.
A : 그래요? 한 번 가보고 싶네요.
B : 그럼, 지금부터 갑시다.

① 호텔
② 외견
③ 안의 인테리어는 좋다

2 ～にしろ～にしろ (～든～든) : 두 개의 예를 들어서 설명할 때에 사용한다.

A : 진지한 얼굴을 하고 왜 그러세요?
B : 이 옷을 사고 싶습니다만, 고민하고 있습니다.
A : 사든지 사지 않든지 간에 입어 보시면 됩니다.
B : 그렇군요.

① 유학할지 진학할지
② 유학
③ 진학
④ 공부는 해 두는 편이

③ ~どころか (~는 커녕) : 앞에 말한 사실과 정반대의 것이나, 예상이나 기대와 다른 사실을 말할 때 사용한다.

A : 오늘은 바빠서 청소는 커녕 저녁식사도 아직 만들지 못했습니다.
B : 그것은 큰일이군요.
A : 슬슬 남편이 돌아 올 시간입니다.
B : 지금부터 열심히 준비하세요.

① 공부하다
② 숙제도 아직 하지 않았습니다
③ 대학에 가다

④ ~一方 (~하기만 하다) : 변화가 한 방향으로 진행되고 있는 것을 나타내는 표현.

A : 요즘 어떻게 지내세요?
B : 평소 이상으로 일하고 있습니다.
A : 불경기니까요.
B : 그렇군요. 불경기의 영향으로 업적이 떨어지기만 합니다.

① 구조조정 되어서 공무원시험 준비를 하고
② 공무원 인기는 올라가다

⑤ ~とか (~라던가) : 전문의 표현 중에서 조금 불확실한 것을 말 할 때 사용.

A : 부장님이 보이지 않습니다만.
B : 어제 하와이에 가셨다던가.
A : 그렇습니까?
B : 일주일 안에 돌아오실 것입니다.

① 선생님이 들어 오
② 갑작스런 회의가 생겼다
③ 바로

🏅 **フリートーキング**

[집찾기]

A

> 저는 집을 찾을 때 마음에 드는 물건이 발견될 때까지는 포기하지 않고 계속 찾습니다. 지금 집은 인터넷에서 정보수집을 하거나, 부동산 회사에 가거나 해서 온갖 방법으로 찾았습니다. 집 찾기의 최저조건으로 '욕실과 화장실의 분리', '큰 거실과 독립된 방 하나가 있는 것', '월세 15만 엔 이내' 의 세 가지였습니다. 처음에는 좀처럼 마음에 드는 물건이 찾아지지 않았습니다만, 마음에 드는 곳이 찾아질 때까지 내 페이스로 천천히 찾자라고 생각하고 있었을 때에 지금의 물건을 만났습니다. 지금은 매일 쾌적한 생활을 하고 있습니다.

B

> 저는 결혼을 계기로 둘이서 함께 살게 되어 방을 찾기 시작했습니다. 먼저 인터넷에서 찾고 실제로 물건을 보러 가서 정했습니다. 방을 찾을 때의 조건은 '욕실과 화장실 분리', '조용한 마을이면서도 도심으로의 교통이 좋을 것', '거실이 넓을 것' 의 세 가지였지만, 물건을 볼 때마다 다른 곳으로 시선이 쏠려 버려서 좀처럼 결정하지 못했습니다. 지금의 집으로 결정한 이유는 심플하고 목재로 마무리 된 것의 안정된 느낌이 매우 마음에 든 것과 교통이 편리한 것 때문이었습니다. 고민한 만큼, 지금은 매우 만족하고 있고 릴렉스 할 수 있는 여유 시간을 즐기고 있습니다.

PART1

1. バス・トイレ別であること。
2. Aはインターネットや不動産会社で、Bはインターネットで探した。
3. 快適な暮らしをしている。
4. Aはなかなか気に入る物件がなかったから。
   Bは物件を見学するたびに、目移りしてしまうから。
5. シンプルで、木材の仕上げの落ち着いた感じと通勤に便利なこと。
6. リラックスできるくつろぎの時間を送っている。

第8課 버릇과 성격

당신은 어린 시절 어떤 버릇이 있었습니까? 그리고 그 버릇을 고치기 위해서 어떤 노력을 했습니까? 버릇에는 사람들이 봤을 때 멋지다라고 생각할 수 있는 버릇도 있는가 하면, 보고 싶지 않은, 그만 두었으면 하고 생각하는 버릇도 있습니다. 스스로는 눈치채지 못해도 가족이나 친구들한테 듣고 깨닫는 버릇도 있습니다. 말투도 그 중 하나 입니다. 좋지 않은 말투는 고쳤으면 하는 것입니다.

ダイアローグ

松本 자, 보세요. 중고차지만 꽤 좋죠? 부모님과 몇 개월이나 이야기한 끝에 겨우 허가를 받은 겁니다.

박 와, 멋있지 않습니까! 그럼 실례.

松本 앗, 박 씨, 반대 반대! 그 쪽은 운전석이예요!

박 아, 맞다. 여기는 일본이었다. 한국에서는 우측에 타니까 무심코 평소 버릇대로.(쾅)

운전 중, 마츠모토는 주위 차에 자주 불만을 말한다

박 마츠모토 씨는 운전하면 자주 화내는군요. 성격이 변한다라 할까 사람이 변한다라 할까.

松本 네? 제가 뭔가 말했었나요? 저는 전혀 몰랐는데요.

박 버릇이나 성격이란 그런 것인지도 모르겠네요. 저는 볼펜 돌리는 버릇이 있습니다만 일전에 아르바이트 하는 곳에서 주의를 들어서.

松本 펜을 떨어뜨리거나 하면 주위에 폐를 끼치게 되는 일도 있으니까요. 그래서 펜을 가지고 있으면 돌리지 않고는 견딜 수 없어집니까?

박 아니오, 돌리지 않고는 있을 수 없다는 것은 아니지만, 그것을 주의받고 나서는 특히 '이제 하지 말아야지' 하고 생각하지만, 그만……

松本 그러니까 버릇이겠죠.

박 뭐, 그렇겠지만요. 이런 버릇을 그만두는 좋은 방법은 없을까요?

クイズⅠ

1 韓国ではいつも右側に座っていたからです。
2 怒りっぽくなります。

クイズⅡ

1 そそっかしい
2 きちょうめん
3 おおざっぱ
4 人見知り
5 負けず嫌い

パターントレーニング

1 ～末に (～한 끝에) : '곤란이나 고생이 있었던 결과'라는 뜻을 나타낸다.

A : 내일은 남자 친구 생일입니다.
B : 선물은 준비하셨나요?
A : 생각하고 생각한 끝에 시계를 샀습니다.
B : 그것은 꼭 기뻐할 것입니다.

① 케이크
② 여러 가지 고민한
③ 손수 만들었습니다

2 ～ものだから (～이니까) : 이유에 놀람이나 의외의 의미가 부여된 표현.

A : 1년에 10킬로 쪘기 때문에 옷 치수가 전부 맞지 않게 되어버렸습니다.
B : 그거 큰일이군요.
A : 그렇습니다.
B : 스포츠 센터에 가면 됩니다.

① 야채를 너무 많이 샀다
② 냉장고에 안 들어 가서
③ 요리해 버리면

③ ~っぽい (~하기 쉽다) : '그 요소, 경향이 강하다' 라는 의미.

A : 우리 딸은 잘 잊어버리기 때문에 곤혹스럽습니다.
B : 크면 고쳐집니다.
A : 그러면 좋겠지만요.
B : 저는 어릴 적에 그랬으니까요.

① 질리기
② 좋아하는 것을 찾으면

④ ~ずにはいられない (~하지 않고는 있을 수 없다) : 자신의 의지로는 어찌할 수 없이 자연스럽게 그렇게 되어 버린다 라는 뜻의 문장체. 회화체에서는 「~ないではいられない」가 많이 사용된다.

A : 지난달 여행으로 정글에 갔습니다.
B : 그것은 대단하네요.
A : 야생동물이 많아 걷는 것 만으로도 위험을 느끼지 않을 수 없었습니다.
B : 그렇겠군요.

① 유럽을 돌았다
② 예쁜 건물
③ 사진을 찍

⑤ ~まい (~하지 말아야지) : 부정의 의지나 추측을 나타낸다. '~하지 않는다'의 의미.

A : 같은 실패는 두 번 다시 하지 않을 거라고 생각했었는데 해 버리고 말았습니다.
B : 뭐, 어쩔 수 없어요.
A : 다음에는 주의하겠습니다.
B : 그렇지만 별 일 없어서 다행입니다.

① 알레르기가 있기 때문에 새우는 먹는다
② 먹고
③ 괜찮습니까?

フリートーキング

내 버릇

A

빈번하게 머리를 만지는 사람. 이것은 일종의 불안함을 갖고 있는 경우가 많다고 합니다. 어렸을 적, 울고 있으면 (누군가) 얼굴을 쓰다듬어 주었던 기억은 없습니까? 머리를 만진다는 것은 자신을 위로하고 있다는 것과 같은 것입니다. 몸짓이라는 관점에서 본다면 이런 사람은 응석받이가 많은 듯 합니다. 나쁜 점을 지적 받으면 '싫어한다'고 생각하기 쉬워 피해망상이 강한 경향도 있습니다. 반대로 칭찬받으면 매우 기뻐하는 사람이 많은 점으로 보아 남을 위해 노력하는 타입이라고 생각하면 되겠죠.

B

한참 이야기를 하는 중에 팔짱을 끼는 사람은 언뜻 보기에 대단한 것 같지만, 실은 자신의 사고 속에 깊숙히 들어가고 싶어하는 경우가 많다고 합니다. 스스로 자신의 몸을 만짐으로써 안도감을 얻고 타인의 의견에 빠지고 싶지 않다라는 생각 표시인 것 같습니다. 이런 사람은 자신의 의사가 강해 다른 사람의 조언을 그다지 받아들이지 않습니다. 또 '상대는 상대, 자신은 자신' 이라고 딱 잘라 생각하는 일도 많아 혼자 있는 것을 좋아하는 사람에게 많다고 합니다.

PART1

1. ある種の不安をかかえている場合が多い。
2. 自分の思考の中に入り込みたがっている場合が多い。
3. 自分をなぐさめているのと同じこと。
4. 「嫌われた」と思いがち。
5. 安心感を得て、他人の意見に惑わされないようにしたいという意思の表れ。
6. 「相手は相手、自分は自分」と割り切って考えることが多い。

第9課 멋쟁이

멋을 내는 것은 재미있지만, 어렵습니다. 게다가 입는 사람의 개성이 나옵니다. 그리고 아무리 해도 끝이 없습니다. 그다지 잘 되지 않을 때 그날 하루는 우울합니다. 그렇기 때문에 항상 색 조합이나 밸런스에는 주의합시다. 망설인 끝에 한번 더 돌이켜 생각해 보면 자신에게 잘 맞았던 것은 그야말로 티 나지 않게 치장을 했을 때였다는 경험은 종종 있겠지요. 본인다운 멋부림을 지향하고 싶군요.

ダイアローグ

松本　어떻습니까? 이 경치 최고죠?

박　네. 근처에 이런 멋있는 가게가 있다니, 전혀 몰랐습니다. 가게 분위기도 좋고, 가구도 귀엽고. 마츠모토 씨는 의외로 멋쟁이군요.

松本　'의외로' 라니 어떤 의미인가요? 저도 여러 잡지를 보거나 해서 유행을 체크한다니까요.

박　마츠모토 씨도 패션 잡지를 보거나 하시는 겁니까?

松本　이상합니까? 잡지 정도 보는 게 당연하지 않습니까? 그렇지만 단지 잡지 흉내를 내는 것은 아닙니다. 자신에게 어울릴지 어떨지라든가 취향이라든가가 있으니까요.

박　그렇지요. 저도 그것은 중요한 것이라고 생각해요.

松本　그러니까 멋을 낸다고 해도 특별히 남과 다른 것을 하는 것은 없고, 연령이나 수입에 맞게 즐기면 좋지 않을까 하고 생각합니다.

박　마츠모토 씨는 안경이라든가 문구용품에 민감한 것 같이 보입니다만.

松本　아세요? 저 세련된 소품을 너무 좋아해요. 박 씨도 멋을 더 즐기면 좋을 텐데.

박　하고 있습니다. 저는 보이지 않는 곳에서 멋을 내는 타입이라구요!!

クイズⅠ

1 雰囲気が良くて、家具もかわいいおしゃれな店(カフェ)です。

2 自分に似合うかどうかやこだわり、そして年齢や収入に応じておしゃれを楽しむことです。

クイズⅡ

1 すいぞく(水族)、どうぶつ(動物)

2 やけい(夜景)、うみ(海)

3 ディズニーランド、ディズニーシー

4 はなび(花火)、イルミネーション

5 さんぽ(散歩)

パターントレーニング

1 ～にきまっている (반드시 ～하다. ～하기 마련이다) : 근거가 있는 강한 확신의 단정 표현.

A : 내일 여자 친구의 생일입니다.

B : 그렇습니까?

A : 그렇지만, 내가 그것을 완전히 잊고 있어서 화나게 만들었습니다.

B : 그건 당연히 화가 났겠네요.

① 친구의 권유가 있어서 여자 친구와 만날지, 친구와 만날지 망설이고 있습니다.

② 여자 친구

2 ～わけではない (～일 리가 없다) : 현재 상황과 직전의 발언에 의해, 당연히 일어날 일을 부정할 때 사용한다.

A : 비싼 접시를 깨버렸습니다.

B : 나쁜 의도가 있었던 것이 아니니까 어쩔 수 없군요.

A : 죄송합니다.

B : 다음부터는 주의해요.

① 신칸센을 놓쳐서
② 늦잠 잤다
③ ~의 신칸센을 타세요

3 **~といっても** (~라고 해도) : 앞에 말한 사실에 대해 실제로는 정도가 그렇게 중하지 않은 것을 나타내는 표현.

A : 장래에 대해서 생각하고 있습니까?
B : 디자이너가 되고 싶습니다.
A : 디자이너라고 해도 여러 가지가 있잖아요.
B : 쥬얼리 디자이너가 되고 싶습니다.

① 미국에 살
② 미국에 살다
③ 비자가 필요합니다.
④ 일단 유학하

4 **~ことはない** (~할 것 까지는 없다) : 불필요한 것을 나타내는 표현.

A : 왜 도망가는 겁니까?
B : 죄송합니다.
A : 실수를 했다고 해서 도망갈 것 까지는 없지요.
B : 네. 마음이 좀 약해져 버려서, 죄송했습니다.

① 울다
② 좀 혼났다
③ 울다
④ 최근 여러 가지 실수한 것이 생각나서

5 **~に応じて** (~따라서) : '상황의 변화와 다양성에 준하여' 라는 의미.

A : 이 불황으로 생활은 고통스럽습니까?
B : 월급에 따라서 생활하고 있기 때문에 괜찮습니다.
A : 그러면 다행입니다.
B : 힘내겠습니다.

① 이번 시험은 어렵다
② 클래스 수준
③ 출제해서

🏆 フリートーキング

패션

A

저는 양복도 헤어스타일도 액세서리도 손톱도 마음에 드는 것을 하고 외출하려고 하고 있습니다. 저는 산뜻하고 밝은 색을 좋아하기 때문에 주위 사람들로부터 '화려한 것을 좋아하는군요' 란 말을 자주 듣습니다. 화려하다고 느끼는 기준은 사람마다 제각각이어서 실제 제가 오늘은 심플하다고 느낄 때도 주위 사람들로부터는 화려하다는 말을 듣습니다. 표범무늬를 입으면 야하다고 생각하는 사람도 있는가 하면 귀엽다고 생각하는 사람도 있는 것처럼 멋을 즐기는 방법은 자유라고 생각합니다. 저는 주위에 휩쓸리는 일 없이 몇 살이 되어도 패션을 즐기는 멋진 여성이 되고 싶습니다.

B

저는 기본적으로 복장은 심플해도 가방이나 액세서리 등의 소품이 조금 화려한 패션을 좋아합니다. 옷장을 보면 흰색, 검은색, 베이지색의 옷이 많습니다. 흰색, 검은색은 상하를 맞추기 쉽기 때문에 자신의 센스에 자신이 없는 저에게는 매우 편리한 색입니다. 자신의 센스에는 자신이 없지만, 때와 경우에 맞는 복장에 흥미, 관심을 가지고 있어서 내가 좋아하는 옷차림을 적극 즐기고 있습니다. 또한 저는 길거리나 역, 전철 안에서 사람을 보는 버릇이 있는데 세련된 사람을 보면, '아 저렇게 입으면 좋구나' 하고 공부하고 있습니다.

PART1

1. 「派手好き」、「派手だ」
2. 周りに流されることなく幾つになってもファッションを楽しんでいる素敵な女性になりたい。
3. A、Bの人は共におしゃれを楽しんでいる。
4. 服装はシンプルでも、バッグやアクセサリーなどの小物が少し派手なファッションが好きだと言っている。
5. 上下が合わせやすいので、センスに自信がない人にとってはとても便利な色。
6. おしゃれな人の着方を勉強している。

第11課 스포츠

　　일본의 모든 연령의 사람들이 참가자로, 혹은 관객으로 스포츠를 즐기고 있습니다. 유럽 스포츠가 전해지기 전에, 일본에서는 '무도'라고 불리는 전통스포츠가 성행했습니다. 일본의 전통 스포츠라고 하면 유도, 검도, 스모를 비롯해 여러 가지 격투기가 있었습니다. 스모는 일본의 '국기'라고 불리며 지금도 대단히 인기가 있습니다. 유럽의 여러 가지 스포츠가 일본에 들어오고 난 뒤에는 야구, 축구 등의 스포츠가 인기입니다.

ダイアローグ

이　　부장님 안녕하세요.

佐々木　안녕하세요. 어? 자전거로 통근합니까?

이　　그렇습니다. 환경을 위해서라고 말하고 싶지만 좀 운동부족인 것 같아서…….

佐々木　운동부족이라면 나도 마찬가지입니다. 대학교를 졸업한 이래로 거의 운동을 하지 않았기 때문이에요.

이　　부장님은 학창시절에 뭔가 스포츠는 했었습니까?

佐々木　예, 나는 탁구를 했습니다. 다시 시작해 볼까? 탁구라면 나이를 불문하고 누구나 즐길 수 있으니까. 이 과장은? 스포츠는요?

이　　저는 마라톤입니다. 어린 시절부터 달리기에 관해서는 누구한테도 지지 않았습니다. 실은 올해 마라톤 대회에 나가 보려고 하고 있습니다. 자신은 없지만요. 사실은 자전거도 그 때문에…….

佐々木　그래요? 대단하네요. 이 과장은 뭐든 열심히 하니까 반드시 잘 될거예요.

이　　감사합니다. 이번 목표는 끝까지 완주하는 것입니다만.

佐々木　좋아, 결정했어! 나는 새로운 스포츠에 도전하겠습니다.

이　　뭔가 해 보고 싶은 스포츠라도 있습니까?

佐々木　실은 전부터 가라테나 태권도에 흥미가 있었습니다.

クイズ I

1 大学を卒業して以来、ほとんど運動していま

せん。

2 マラソン大会に出るからです。

クイズ II

1 ○　生月鯨太左衛門(いけづき げいたざえもん)　江戸時代後期の力士で、身長227cm、体重169kg。

　　土俵入りのみの出場が多く、ほとんど相撲は取っていない。

2 ×　身長167cm, 体重67kgが「力士検査」の最低合格ライン。

3 ×　一日2回

4 ×　体脂肪率は意外と低い。20%台という調査もある。

5 ○　2人分の座席を使用した場合は、通常料金の1.5倍になる

パターントレーニング

1 〜て以来 (〜한 이래) : 과거에 했거나 일어난 사건이 현재까지 쭉 계속되고 있는 것을 나타낸다.

A : 성게는 좋아합니까?

B : 먹어본 적이 없어서 모르겠습니다.

A : 나는 이 가게에서 먹은 이래로 아주 좋아하게 되었습니다.

B : 그럼 나도 도전해 보고 싶습니다.

① 사원 도는 것

② 한

③ 교토에 간

2 ～を問わず (～를 불문하고) : '～를 문제로 삼지 않고, 구별하지 않고'란 의미.

A : 오늘 크리스마스 모임에는 많은 사람들이 와 주었네요.

B : 마을의 남녀노소를 불문하고 많은 사람들을 초대했으니까요.

A : 아주 호평을 받았어요.

B : 이후에도 계속하고 싶습니다.

① 자동차 전시회

② 국산차, 외제차

③ 멋진 자동차를 진열했습니다

3 ～にかけては (～에 관해서는) : '그 일에 관해서는'이라는 의미

A : 최근에 베란다에서 야채를 재배하고 있습니다.

B : 그건 좋은 취미를 가지셨네요.

A : 베란다 야채밭에 관해서는 누구에게도 지지 않습니다.

B : 다음에 좀 주세요.

① 카메라에 빠졌습니다

② 철도사진

③ 꽤 자신이 있습니다

④ 보여

4 ～ことだから (～이니까) : 그 자신이 가지고 있는 고유의 특징이 원인·이유가 되는 것을 나타내는 표현.

A : 스즈키 씨는 (오는 것이) 늦네요.

B : 스즈키 씨니까 늦어도 반드시 올 겁니다.

A : 그렇습니까?

B : 좀 더 기다려 봅시다.

① 야마다 씨는 숙제를 하는

② 시간이 걸려도 꼭 할 겁니다

③ 지켜봐

5 ～きる (끝까지 다 ～하다) : 동작의 완료를 나타낸다.

A : 시험날은 불안해집니다.

B : 능력을 다 발휘하려면 평상심이 중요하지요.

A : 그렇지요. 집에 있다고 생각하고 분발하겠습니다.

B : 그것이 좋겠습니다.

① 일이 적어서

② 이 불황을 극복하(려면)

③ 참음

④ 머지않아 경기가 회복할 겁니다

🖐 フリートーキング

야구스포츠 소년단의 신입회원 모집요강

＊스포츠 소년단이란 ?

아이들이 자유시간에 지역사회 안에서 스포츠를 중심으로 한 그룹활동을 행하는 단체

A

☆ 모여라, 야구를 좋아하는 초등학생들이여!! ☆

― 치고, 달리고, 던지고, 친구를 만들자 ―

신주쿠 스포츠 소년단은 수시로 신임회원을 모집하고 있습니다. '야구를 즐겁게'를 모토로 야구를 통해서 친구를 사귀거나 체력을 단련하고 인사, 예의 등, 가정 밖에서 사회교육의 일환이 되면 좋겠다고 생각하고 있습니다. 체험연습도 수시로 실시하고 있으니 부담 없이 참가해 주세요.

B

☆ 야구를 하자. 친구를 사귀자. 신나요~! ☆

― 새로 야구를 함께 할 친구 대모집 ―

시부야 스포츠 소년단에서는 금년도 단원을 수시로 모집하고 있습니다. 처음에는 모두 초짜입니다. 정성껏 가르쳐 주는 감독과 밝고 씩씩하면서 야구를 좋아하는 친구들이 기다리고 있습니다. 우선 부담 없이 견학하러 오세요. 야구 외에도 바베큐와 합숙 등 신나는 일이 많이 있습니다.

PART1

1. 随時募集している。(日時に制限はない)

2. 友達。

3. 体験、見学ができる。

4. 家庭外での社会教育を学ぶことができる。

5. 野球のほかに、バーベキューや合宿などがある。

6. 明るく元気で、野球大好きな仲間たち。

第12課　수험

　　일본에는「중고통합교」라는 것이 있습니다. 이것은 중학교와 고등학교 양쪽을 운영, 중고 6년간을 하나의 기간으로 하여 교과과정을 편성해 운영하는 학교를 말합니다. 중고통합교에 입학하려면 중학교 입학시험을 봐야 합니다. 중학교 입시는 아이만 열심히 하면 성공하는 것이 아닙니다. 가족이 협력해야 합격이 있습니다. 실제로 시험을 보는 것은 아이이지만 부모가 할 수 있는 것은 아이가 공부에 집중할 수 있는 환경을 만드는 것이라고 합니다.

ダイアローグ

홍　시험 전인만큼 오늘은 학생들이 많았어요. 아, 이거 들었는데 일본의 대학생들은 대학에 입학한 순간에 공부하지 않는다는 것이 정말입니까?

阿部　음~, 입학한 순간이라기보다 합격한 순간인지도 몰라요. 물론 전원은 아닙니다.

홍　그렇습니까? 모처럼 열심히 공부해서 입학했는데 왠지 아깝네요.

阿部　고교시절에는 정말 매일 밤 늦게까지 공부합니다만.

홍　우리 고등학교도 그랬습니다. 개중에는 너무 공부한 나머지 병이 나서 시험을 보지 못한 사람도 있었습니다.

阿部　그건 참 딱하네요. 나도 실은 병이 날 뻔했어요. 부모 입장에서는 공부도 중요하지만 몸이 더 걱정되었던 것 같아…….

홍　그래요. 하지만 수험생 본인 입장에서는 주위가 모두 진지하게 하니까 아무리 피곤해도 공부할 수밖에 없지요.

阿部　그래요. 특히 나는 고등학교 때 기숙사에 있었기 때문에 모두 공부하는 것을 잘 알아요. 방의 불이 켜져 있으니까요.

홍　대학시험, 입학은 쉽고 졸업이 어려운 것과 입학은 어렵고 졸업이 쉬운 것 중 어느 쪽이 좋을까요.

阿部　학생입장으로서는 당연히 양쪽 다 쉬운 것이 좋겠지요. 하지만 저는 입학이 쉽고 졸업이 어려운 쪽이 좋다고 생각하는데 어떤가요.

クイズⅠ

1 大学に入学したとたんに勉強しなくなると聞きました。

2 受験生にしたら、どんなに疲れていても勉強するよりほかありませんが、親にしたら、勉強も大事ですが、体の方も心配です。

クイズⅡ

1 カツ＝勝つ＝合格

2 「落ちる」「滑る」など

3 コアラは(木から)落ちないから

4 五角形 ⇒ 五角 ⇒ ごかく ⇒ ごうかく ⇒ 合格 ⇒ 合格鉛筆

パターントレーニング

1 ～たとたんに (～순간, ～하자마자) : 사건이 연속해서 일어난 것을 나타내는 표현으로 뒷절에는 돌발적으로 발생한 사건이 묘사된다.

A : 컴퓨터 상태가 나빠서 난감합니다.
B : 어떤 식으로 상태가 나쁩니까?
A : 어제 새 프로그램을 설치한 순간 동작이 느려져 버려서…….
B : 그거 참 난감했겠네요.

① 청소기
② 필터를 교환한
③ 흡입이 나빠져

2 〜あげく (〜나머지, 〜끝에) : 「〜를 한 결과」란 의미

A : 내년에 대학원에 갑니까? 그렇지 않으면 취직합니까?
B : 고민에 고민한 끝에 취직하기로 했습니다.
A : 사회에 나가는 것도 좋아요.
B : 예, 분발해 보겠습니다.

① 파리 회사
② 여기에 있습니다
③ 파리에 가는
④ 해외

3 〜かける (〜하려다) : 동작 도중의 상태와 직전의 상태를 나타낸다.

A : 어제 친구와 싸움을 해 버렸습니다.
B : 화해는 했습니까?
A : 아니오. 편지를 쓰다가 그만둬 버렸습니다.
B : 그렇습니까? 하지만 빨리 하는 편이 좋아요.

① 다음달에 여행을 갑니다
② 계획은 세웠습니까?
③ 찾다가

4 〜にしたら (〜로서는, 〜치고는) : '〜의 입장·시점에서 보면'이라는 의미.

A : 아드님의 그림, 정말 잘 그렸네요.
B : 예에, 5살치고는 썩 잘 그렸습니다.
A : 어쩌면 재능이 있을지 몰라요.
B : 그러면 좋지만요.

① 레포트 잘 썼네요.
② 나
③ 교수님도 마음에 들어 줄

5 〜よりほかない (〜밖에 방법이 없다) : 문제의 해결방법이 '그것 외에 없다'란 의미.

A : 스키를 타러 가고 싶지 않아졌습니다.
B : 이미 투어에 신청했기 때문에 갈 수밖에 없어요.
A : 추운 것은 질색입니다.
B : 하지만 반드시 즐거울 겁니다.

① 어학학교(어학원)
② 돈을 지불해
③ 어학

🎓 フリートーキング

수험생 부모의 고민

A

　최근에 딸아이는 불안과 초조 탓인지 안절부절하며 정신적으로 불안정합니다. 안절부절하다는 것은 자각이 있다는 증거는 되지만 그것이 혹 계속되면 부모로서 좀 걱정입니다. 나는 아이에게 무심코 「공부해」라고 하거나 「공부는 했니?」라고 묻게 됩니다. 그때마다 아이는 화가 나서 공부할 기분이 없어지는 것 같이 느껴집니다. 앞으로는 아이가 하는 일을 잘 지켜보려고 합니다만 여러분은 어떻게 응대하고 있습니까?

B

　입시가 눈 앞에 다가온 가운데 우리 아이는 아직 지망학교에 손이 미치지 못해 걱정입니다. 불안감도 있고 딸아이도 스트레스가 쌓이지만 우리 부모들도 스트레스가 쌓입니다. 부모는 아이의 성격과 상황을 고려해서 냉정하게 대하지 않으면 안 된다는 것은 잘 알고 있지만 냉정하게 될 수 없는 것이 현실입니다. 때로 딸아이의 신중함이 느껴지지 않을 때는 야단쳐 버립니다. 앞으로는 더 냉정해져서 딸아이가 공부에 집중할 수 있는 환경을 만들어가고 싶습니다.

PART1

1. イライラしていたり、ストレスがたまっていたりする。
2. 勉強がうまくいかず、ストレスがたまっている。
3. 受験生の娘にどのように接していけば良いのかという悩み。
4. 子供のやることをしっかり見守ろうと思っている。
5. 冷静になって、娘が勉強に集中できる環境を作っていこうと思っている。
6. Aの親はイライラして、精神的に不安定になっていることが心配である。
Bの親は娘がまだ志望校に手が届いていないことが心配である。

第13課　개그

2001년에 시작해서 완전히 연말 "개그 제전"으로 알려져 있는 것이 개그일본―결정전 「M－1그랑프리」입니다. 우승상금 1,000만 엔으로 프로, 아마츄어, 사무소는 관계없이 콤비를 만들어 10년 이내라면 누구나 출전할 수 있습니다. 최초에는 1,000만 엔이라는 상금이 화제가 되었으나 지금은 상금 이상으로 「M－1그랑프리」란 영광을 얻기 위해 젊은 개그맨(연예인)의 재주와 자존심을 건 대결이 되었습니다.

ダイアローグ

阿部　최근에 정말이지 개그 프로가 많지요. 예능인을 TV에서 보지 않는 날이 없지 않습니까.

홍　그렇네요. 저는 최근에야 겨우 웃을 수 있게 되었습니다. 처음에는 전혀 이해가 안 되어서. 그렇지만 덕분에 간사이 사투리도 알게 되었지만요.

阿部　대단하지 않습니까. 휴~ 개그라…….

홍　무슨 일입니까? 갑자기?

阿部　실은 마츠모토 군에게 「함께 개그를 하자」고 제안받았습니다. 가족들은 절대 반대할 것이 뻔합니다만.

홍　마츠모토 군이란 겐타 군 말입니까? 그런데 아베 씨는 어떻습니까? 해 볼까 하는 기분은요?

阿部　해 보고 싶은 마음은 있습니다. 하지만 만약에 잘되지 않으면……. 부모님은 취직해 주었으면 하시는 것 같지만요.

홍　그렇습니까? 부모님의 기대에 부응해서 취직하는 것도 중요하지만 자기가 하고 싶은 것을 해야 하지 않습니까?

阿部　홍 씨도 그렇게 생각합니까? 하지만 무시할 수도 없지요. 그래서 고민이 되어서.

홍　음~, 젊었을 때 해 보고 싶은 것이 있으면 해 봐야 한다고 생각해요. 응원하겠습니다. 남성과 여성 콤비라니 재미있을 것 같지 않습니까?

クイズ I

1. 一緒にお笑いをやろうと誘われています。
2. 若いうちにやりたいことはやるべきだと言いました。

クイズ II

「今日は医者に行く」、「今日歯医者に行く」
1. 「言いにくかった」、「いい肉、買った」
2. 「ここでは、着物を脱いでください」、「ここで、履物を脱いでください」
3. 「あなたの顔、何回も見たい」、「あなたの顔なんか、芋みたい」
4. 「金送れ、頼む」「金遅れた、飲む」「金送れた、飲む」

パターントレーニング

1. ～おかげで (～덕분에) : 원인·이유를 나타내지만 그 가운데서도 좋은 결과를 나타내는 경우에 사용한다.

A : 교토에 다녀왔습니다.
B : 유명한 사원은 보고 왔습니까?
A : 예, 교토에 있는 친구 덕분에 명소는 전부 볼 수 있었습니다.
B : 그건 도움이 되었겠네요.

① 도쿄대학
② 아카몬
③ 안내가 있었다
④ 주요 건물

2. ～にこたえて (～에 응해서) : 「기대와 요청에 응해서」란 의미.

A : 고객의 소리에 응해서 영업시간을 연장하였습니다.

B : 이제부터는 편리해지겠네요.

A : 밤 11시까지 이용하실 수 있습니다.

B : 분명히 이용자가 늘 겁니다.

① 시민의 요망
② 고령자 출장진료를 비롯해
③ 70세부터

③ ～べき (～해야 하다) : '～하는 것이 당연하다'는 의미

A : 내일은 드디어 결혼식입니다.

B : 이제 해야 할 일은 전부 했겠네요.

A : 다음은 와 줄 사람을 맞이하는 것 뿐입니다.

B : 즐거운 예식이 되면 좋겠네요.

① 미국으로 출발
② 준비할
③ 비행기를 타는
④ 유학생활

④ ～わけにもいかない (～할 수도 없다) : 어떤 이유와 사정이 있어서 '～할 수가 없다'란 의미.

A : 오늘 선생님은 매우 바쁘다고 합니다.

B : 그럼 우리도 잠자코 있을 수 없겠네요.

A : 뭔가 도울 수 있는 일이 없는지 물어 볼까요.

B : 그렇게 합시다.

① 저 두 사람은 싸움을 했다
② 이대로 놔두다
③ 왜 싸움을 하게 되었는지

⑤ ～うちに (～동안에) : '그 상태가 계속되고 있는, 그 시간 내에'란 의미.

A : 어제 산에 올랐습니다.

B : 어땠습니까?

A : 올라가는 동안에 비가 내렸습니다.

B : 그럼, 정상까지 갈 수 없었겠네요.

① 영화를 보러 갔다
② 보고 있는
③ 잠들어
④ 내용은 알지 못했다

フリートーキング

개그에 대한 목소리

A

보케역은 화제 중 재미있는 말을 하는 역할이다. 화제 중에 누가 들어도 틀리거나 착각 같은 것을 끼어 넣어 웃음을 자아내게 하거나 농담 등을 주로 말한다. 원래 보케역은 얼빠진 행위에 의해 웃게 하는 일이 많았던데서 보케역이라고 불렀다. 보케역이 이야기의 진행역을 담당하는 만담사도 적지 않다. 또한 그 역할분담도 반드시 고정적이지는 않고 명(수라고 하는)콤비일수록 흐름에 따라 자연스럽게 보케역과 츳코미역을 교대로 전개하는 방법을 사용한다.

B

보케역의 잘못을 재빨리 지적하여 웃을 곳을 관객에게 제시하는 역할을 담당한다. 보케역의 머리를 손바닥이나 가벼운 도구로 때리거나 가슴 주변을 손등으로 쳐서 지적하는 일이 많다. 이 역할을 츳코미라고 한다. 파고드는 타이밍 그 자체가 관객의 웃음을 자아내는 경우도 적지 않다. 또한 츳코미가 들어감에 따라 보케역이 진행하는 화제에 구분을 주어 구성상 기분 좋은 리듬을 만들어내는 효과도 있다.

PART1

1. 話題の中で面白いことを言うことが期待される役割。
2. ボケ役の間違いを素早く指摘し、笑いどころを観客に提示する役割。
3. とぼける行為によって笑いを誘うことが多かったことから。
4. 頭を平手や軽い道具でたたいたり胸の辺りを手の甲でたたいて指摘することが多い。
5. ボケ役が進行する話題に区切りを与え、構成上の小気味よいリズムを生み出す効果がある。
6. 流れによって自然にボケとツッコミが入れ替わる展開を用いる。

아르바이트

학생의 본분은 공부이지만 학창시절에 많은 사람들이 아르바이트를 하고 있습니다. 아르바이트와 공부의 균형에 대해 학생들은 어떻게 느끼고 있을까요? 여러 의견이 있겠지만 가장 가치를 둘 수 있는 것은 「사회경험」이겠지요. 아르바이트를 통해서 일하는 기쁨을 안 사람도 있습니다. 그리고 돈을 버는 것의 중요성을 실감한 사람도 있습니다. 공부를 잊고 아르바이트만 하는 것은 곤란하지만 사회인으로서의 예행연습, 또는 자신의 적성을 아는 의미로도 학생인 동안에 아르바이트를 해 두는 것은 가치가 있는 일이라 할 수 있습니다.

ダイアローグ

阿部 무슨 일입니까? 아까부터 혼자서 뭔가 말하고 있는 것 같은데.

홍 내일 아르바이트 면접이 있어서 연습하고 있었습니다. 저기, 면접에서는 어떤 것을 물어봅니까?

阿部 글쎄요, '왜 여기서 일하고 싶습니까? 라든가, '주 몇 일 올 수 있습니까?' 같은 것은 반드시 물어볼 거라고 생각해요. 그런데 무슨 아르바이트입니까?

홍 편의점입니다. 이것저것 고민한 끝에 편의점이 제일 나을 것 같아서요. 여러 가지 경험을 할 수 있지 않을까 해서요.

阿部 그렇군요. 뭐 편의점 뿐만 아니라 아르바이트를 통해서 여러 가지 공부를 할 수 있지요.

홍 아르바이트를 하는데 말투는 아주 중요하다고 생각합니다. 편의점이라면 젊은 사람에 한하지 않고 하루에 여러 사람들을 만나겠지요.

阿部 그렇군요. 하지만 편의점이란 손님으로서는 정말로 편리하겠지만 점원으로서는 힘든 아르바이트지요.

홍 예. 하지만 그렇기 때문에 해 보려고 하는 것입니다. 다음으로 아르바이트 하는데 주의해야 할 것이란 무엇입니까?

阿部 으음~, 인간관계일까요. 아르바이트 하는 곳에 따라서는 일보다 힘들다는 곳도 있는 것 같으니까요.

홍 인·간·관·계······. 이것도 공부로군요.

クイズⅠ

1 いろいろな経験ができるからです。特に、コンビニにはいろいろな人が来るので、言葉遣いの勉強にもなるからです。

2 人間関係です。

クイズⅡ

1 「×」 入国管理局の許可が必要

2 「○」

3 「○」

4 「×」

パターントレーニング

1 ~に限らず (~에 한하지 않고) : 범위를 한정하지 않은 것을 나타내는 표현.

A : 미국인 뿐만 아니라 전세계 사람들이 맥도날드에 자주 가지요.

B : 나도 자주 치즈버거를 먹습니다.

A : 나는 빅맥입니다.

B : 맛있지요.

① 양식

② 일식도 좋아합니다

③ 튀김

④ 특히 초밥

② ～を通して (～를 통해서) : '중개자'와 '경험해 온 과정'을 나타낼 때 사용한다.

A : 야마다 군이 변호사가 되었다고 합니다.

B : 친구를 통해서 들었습니다.

A : 사실이라면 대단하군요.

B : 다음에 본인한테 물어봅시다.

-----

① 구조조정 당했다

② 회사 사람을

③ 안됐군요

③ ～上で (～한 후에, ～한 데다가) : '행동을 하고 그 결과에 준해서'란 의미.

A : 이제 곧 논문발표입니다.

B : 예비조사를 충분히 한 후에 발표하면 됩니다.

A : 예, 그렇게 하겠습니다.

B : 당일에는 자신을 갖고 발표해 주세요.

-----

① 콘서트

② 리허설

③ 무대에 선

④ 연주

④ ～からこそ (～때문에) : 이유와 원인을 특히 강조 할 때 사용한다.

A : 겨우 대학에 붙었습니다.

B : 잘 노력했네요.

A : 의사가 되고 싶었기 때문에 대학에 가고 싶었던 겁니다.

B : 이제부터 공부가 큰일이네요.

-----

① 말랐습니다

② 모델

③ 다이어트 할 수 있었다

④ 일

⑤ ～によっては (～에 따라서는) : 전건의 변화와 관 계해서 후건도 변화해 가는 것을 나타내는 표현.

A : 무엇을 하고 있습니까?

B : 다음 달의 태국 여행계획을 세우고 있습니다.

A : 호텔에 따라서는 에어컨이 없으니까 잘 체크하는 편이 좋습니다.

B : 그렇습니까?

-----

① 일본

② 지역

③ 장마에 들어갔다

フリートーキング

아르바이트 구인정보

A

- 지역・역 : 도쿄도 시부야구(시부야역)
- 근무시간대 : 10시00분 ~ 다음 날 1시00분(교대근무제)
- 모집직종 : ・홀 스태프(시급 : 850엔~) ・주방 스태프 (시급 : 870엔~)
- 응모자격
  - 미경험자 OK
  - 프리타 환영, 학생 환영, 미경험자 환영
  - 토, 일 근무 가능자 환영, 장기환영
- 대우
  - 제복 제공 ・식사 있음(제공) ・연수 있음
- 업무 내용
★ 홀 스태프 : 주방에서 만든 요리와 마실 것을 손님께 내 드립니다. 알찬 연수와 잘 돌봐주는 선배스태프가 있 으므로 아르바이트가 처음인 분도 안심입니다.
★주방 스태프 : 요리의 사전준비부터 접시에 담는 것, 굽 는 것과 삶는 것 등의 조리, 식기세척까지 부탁드립니다. 우선은 우렁차고 큰 목소리와 웃는 얼굴로 일할 수 있는 분이라면 괜찮습니다.

B

- 지역・가장 가까운 역 : 도쿄도 츄오구(도쿄역에서 도 보 2분)
- 근무시간대 : 15시 00분 ~ 24시 30분(교대근무제)
- 모집직종 : ・홀 스태프(시급 : 950엔~) ・주방 스태프 (시급 : 950엔~)
- 응모자격
  - 미경험자 O K
  - 프리타 환영, 학생 환영, 미경험자 환영
  - 토, 일 근무 가능자 환영, 장기환영
- 대우
  - 제복 제공 ・식사 있음(제공) ・연수 있음
- 업무 내용
★ 홀 스태프 : 손님이 즐겁게 식사할 수 있도록 배려와 웃는 얼굴로 접대 부탁드립니다. 미경험자라도 안심하 고 자기자신의 기술향상이 가능합니다.
★주방 스태프 : 주요 업무 내용은 손님을 위해 정성을 담 아 요리를 만들어 주는 것입니다. 요리를 좋아하는 분, 환영. 종류가 풍부한 메뉴를 선배가 친절하게 가르쳐 줍 니다.

PART1

1. Ｂは1日4時間、相談にのってくれる点。
2. 経験者が優遇される。
3. 制服貸し出し、食事あり、研修あり。
4. 面倒見が良い先輩スタッフがいる。
5. 未経験者(バイトが初めてという人)。
6. お客様のために心を込めてお料理を作る仕事。

第15課 쓰레기

　매년 쓰레기 문제는 심각해지고 있습니다. 사람이 생활하는데 쓰레기는 반드시 발생하는 것입니다. 쓰레기 문제를 해결하기 위해서는 뭐니뭐니해도 쓰레기 자체를 줄이는 것이 가장 중요합니다. 쓰레기 문제를 생각할 때 자주 사용하는 세 개의 단어가 있습니다. 「Reduce」「Reuse」「Recycle」으로 「3R」이라고 불립니다. 되도록 쓰레기는 만들지 않도록 하고 아직 쓸 수 있는 것은 쓰레기로 하지 말고 다른 사용방법을 생각해서 재사용한다는 것입니다.

🐱 ダイアローグ

박　언제까지 그 패트병을 가지고 다닐겁니까?

松本　왜냐하면 쓰레기통이 없으니까 가지고 다닐 수 밖에 없잖습니까.

박　아~, 그러고 보니 아까부터 쓰레기통이 안보이네요.

松本　그렇지요. 최근에는 이 근처 뿐만 아니라 거리에 쓰레기통이 줄어들고 있다니까요.

박　예? 그렇지만 그렇게하면 거리가 온통 쓰레기투성이가 되지 않습니까?

松本　뭐, 여러 가지 이유가 있겠지만요. 어딘지 잊어버렸지만 8m 간격으로 쓰레기통을 놓은 유원지가 있다고 해요.

박　그거 좋네요. 그렇지만 그러면 쓰레기통투성이가 되지 않겠습니까? 그런데 그 8 m란 게 뭔가 이유라도 있습니까?

松本　사람은 심리적으로 쓰레기를 갖고 걷고 있으면 8m정도에서 버리고 싶어진다고 합니다. 그래서 8m에 하나 쓰레기통이 있으면 아무데나 버리는 것이 없어진다든가.

박　호오~, 그렇군요. 그렇지만 마츠모토 씨는 쓰레기통이 없는데도 불구하고 쓰레기를 버리지 않고 들고 있네요.

松本　당연합니다. 쓰레기통이 있어도 쓰레기를 내던져 버리는 사람도 있지만요. 결국 거리가 깨끗해질지 어떨지는 그 사람한테 달려있지 않습니까. 참, 다음에 함께 그 유원지에 가 보지 않겠습니까?

クイズⅠ

1　人は心理的にゴミを持って歩いていると、8mくらいで捨てたくなるからです。

2　町がきれいになるかどうかは、ゴミ箱の数ではなく、「きれいにしよう」という人の気持ちが大事だということです。

クイズⅡ

1　B　一日約1kg

2　B　生ゴミ、紙、プラスチックの順

3　A　家庭ごみが2倍程度多い

4　C

🐵 パターントレーニング

1　〜しかない（〜밖에 없다）：하나만을 문제삼고 다른 것을 배제하는 표현.

A : 오늘은 생일이지만 열이 있습니다.
B : 외식은 안됩니까?
A : 예. 집에서 누워 있을 수밖에 없습니다.
B : 나으면 축하 파티 합시다.

① 배가 고프지만 일이
② 누군가에게 부탁하는 것
③ 스스로 할
④ 끝나면 함께 먹으러 갑시다

② ~つつある (〜하고 있다) : 동작과 작용이 진행되고 있는 것을 나타낸다.

A : 봄이군요.
B : 먼 산도 초록색이 되어 가는 것을 알 수 있습니다.
A : 집 주위도 어린잎으로 가득합니다.
B : 봄은 기분이 좋네요.

① 더위
② 여름
③ 거리도 반소매를 입고 있는 사람
④ 여름

③ ~だらけ (〜투성이) : '〜이 가득하다'라는 표현.

A : 오늘 남동생 집 청소를 합니다.
B : 남자 방이란 어떤 느낌입니까?
A : 쓰레기 투성이에요.
B : 그건 매우 힘드시겠네요.

① 아이방
② 아이
③ 장난감

④ ~にもかかわらず (〜에도 불구하고) : '그와 같은 사태인데도'란 의미.

A : 어제 토플시험을 치고 왔습니다.
B : 어땠습니까?
A : 자지 않고 공부했는데도 불구하고 잘 못봤습니다.
B : 어쨌든 결과를 기다려 봅시다.

① 뮤지컬 오디션
② 그렇게나 연습했는데

⑤ ~次第 (〜나름) : '〜에 의해서 정해진다'란 의미.

A : 내일은 소풍입니다.
B : 비가 오지 않으면 좋겠네요.
A : 소풍은 날씨 나름입니다.
B : 테루테루보우즈라도 걸겠습니다.

① 내 방은 좁습니다
② 가구를 줄이면
③ 방은 사용방식에
④ 옷은 봉을 달아서

フリートーキング

우리가 할 수 있는 것

A

쓰레기 자체를 내놓지 않는다. 쓸데없는 것은 사지 않는다. 그리고 산 것은 오래 사용한다 등 생활 속에서 쓰레기 문제를 재검토해야 한다고 생각합니다. 산 다음에, 실은 필요 없었던 것도 꽤 있습니다. 필요한 것밖에 사지 않는다는 것도 쓰레기를 줄이기 위한 대책이 되겠지요. 또한 (쓰레기를) 줄이기 위한 시도로「과잉포장은 거절한다」「환경에 좋은 것을 골라서 산다」등의 궁리도 중요하다고 생각합니다. 우선은 우리들 주변에서부터 시작하는 것이 중요하다고 생각합니다.

B

나는 싸다고 해서 불필요한 것 혹은 필요한 양 이상을 사 버리는 일이 종종 있습니다. 예를 들면 필요 이상으로 식료품을 사 버린 결과, 먹다 남거나 전혀 개봉하지도 않아 유통기한이 지나서 버리는 일도 자주 있습니다. 우선은 필요한 것만을 살 것, 그리고 버리는 쓰레기의 분류를 적절하게 한다는 것이 중요하다고 생각합니다. 우리들이 배출하는 재사용할 수 없는 쓰레기는 재활용으로 돌리게 됩니다. 그 때는 쓰레기의 분류방법을 제대로 지키는 것이 중요하다고 생각합니다.

PART1

1. 必要なものだけを買うこと。
2. ゴミそのものを出さない、無駄なものは買わない、買ったものは長く使うなど。
3. 食べ残したり、封を開けることもなく消費期限が切れたりして捨ててしまう。
4. Aは身近なことから始めることで、Bはゴミの分別方法を守ること。
5. リサイクルにまわすことになる。
6. ゴミ問題を解決していくため。

물건사기 · 쇼핑

이전에 비해 쇼핑형태가 다양해졌습니다. 여러분은 어디에서 어떻게 쇼핑을 합니까? 슈퍼, 편의점, 100엔 숍, 백화점, 상점가, TV 쇼핑, 통신판매, 인터넷몰, 아울렛……. 편리함과 저렴함, 그리고 좋은 서비스 등 여러 요소가 있지만 후회하거나 트러블(분쟁)에 휘말리지 않도록 주의하지 않으면 안됩니다. 즐겁고 싸게 쇼핑을 하기 위해 어떤 방법이 있을까요? 다같이 즐겁게 이야기해봅시다.

🎮 ダイアローグ

김　선배님 수고하셨습니다. 어? 선배님 그거 새 가방입니까? 응? 그런데 아침에 보았던 것과 다른 거 같은…….

吉田　그렇습니다. 점심 시간에 백화점에 도시락을 사러 갔는데 좋은 가방을 발견해서 사 버렸습니다. 또 충동구매입니다.

김　'또' 라니요, 선배님 자주 충동구매를 합니까?

吉田　예. '오늘만'이라고 하는 것에 약합니다. 이 가방도 그렇고. 하지만 5만 엔이나 했습니다.

김　5만! 내 친구 중에도 있어요. TV 통신판매에서 비싼 다이어트 상품을 사거나 하는 사람이. 그렇지만 거의 사용하지 않지요.

吉田　대개 그렇습니다. 비싼 돈을 내고 샀지만 한번도 사용하지 않는 것이 자주 있어요.

김　그럼, 시간이 지남에 따라, 사지 않으면 좋았을 텐데 라고 생각하게 됩니까?

吉田　그렇습니다. 몇 개나 가지고 있는데 사 버립니다. 다음에 왔을 때는 없을지도 모른다고 생각하면 갖고 싶어서 견딜 수가 없어…….

김　그렇습니까? 나는 비싼 물건을 살 때는 잘 생각하고 나서가 아니면 절대 사지 않습니다. 그런데 만약 다음에 오지 않았을 때는 포기하지만요.

吉田　그게 현명한 쇼핑 방법인지도 모릅니다. 하지만 충동구매도 하나의 버릇같이 되어서…….뭔가 좋은 방법이 없습니까?

クイズ I

1 よく考えないで、その時のほしいという気持ちだけで買い物をしてしまうことです。

2 買わなければよかったと思ってしまいます。

クイズ II

1「上」　6,800円

2「下」　5分

3「上」　最低50種類以上

4「上」　7割

🧑 パターントレーニング

1 ～に限り (～한) : 한정을 나타내는 표현.

A : 내일 아이와 함께 자연학습교실에 가려고 합니다.
B : 그렇습니까? 좋겠네요.
A : 사실, 내일부터 일주일 간, 어린이에 한해서 무료입니다.
B : 좋은 소식을 들었네요.

① 남자친구와 영화를 보(러)
② 커플
③ 50% 할인

2 ～ものの (～지만) : 역접의 의미, 또는 전건의 결과, 예측과 다른 사건이 후건에 온다.

A : 이달의 업적은 어떻습니까?

B : 매상은 올랐지만 클레임이 꽤 많습니다.
A : 그것 곤란하네요.
B : 무엇이든 대책을 강구하고 싶다고 생각합니다.

---

① 꽤 선전했다
② 반응이 약하다

❸ ～につれて (～함에 따라) : 「～にともなって」의 의미로 전건이 바뀌면 후건도 그것에 비례해서 바뀌는 것을 나타낸다.

A : 인터넷 보급에 따라 메일 사회가 되었어요.
B : 그렇군요
A : 그 탓에 최근 젊은이들은 한자가 약하다고 해요.
B : 그건 문제군요.

---

① 회사에서 퍼스널컴퓨터를 사용하는 것이 늘어나다
② 퍼스널컴퓨터 기술이 중요
③ 나이 든 사원은 큰일이다

❹ ～てたまらない (～견딜 수 없다) : 감정과 감각이 심한 것을 나타내는 표현.

A : 오랜만에 휴가를 낼 수 있어서 생긴지 얼마 안되는 유원지에 가고 싶어 견딜 수가 없습니다.
B : 어떤 놀이기구가 좋습니까?
A : 역시 제트코스터입니다.
B : 나도 좋습니다.

---

① 수일간 양식이 계속되었다
② 일식이 먹고 싶어서
③ 요리
④ 초밥

❺ ～てからでないと (～하고나서가 아니면) : 무언가를 하기 전에 필요한 조건을 앞 절에 나타낸다.

A : 겨우 논문을 썼습니다.
B : 이것을 제출합니까?
A : 교수님께 여쭤보고 나서가 아니면 모릅니다.
B : 그렇군요

---

① 좋은 방을 발견했습니다
② 여기로 이사합니까?
③ 어머니와 상담해서

🎺 フリートーキング

쇼핑

A

자택에 있으면서 전세계 가게에서 쇼핑을 즐길 수 있는 인터넷쇼핑. 생각한 이상으로 간단하고 편리한 것과 좋은 상품이 싸게 손에 들어오는 점에서 자주 이용되고 있다. 직접 가게에 가지 않아도 되고 시간을 신경쓰지 않고 천천히 쇼핑할 수 있다는 점이 큰 장점이 된 것 같다. 역으로 단점으로는 직접 상품을 볼 수가 없다는 큰 리스크가 있다. 또한 개인 정보 유출이 걱정된다는 목소리도 많이 들린다. 그러나 불만과 불안이 있지만 이용하는 사람은 점점 늘어나고 있는 것이다.

B

최근에 인터넷 쇼핑을 이용하는 사람들이 늘고 있지만 그래도 직접 가게에 가서 산다는 사람도 많이 있다. 직접 상품을 볼 수 있기 때문에 품질을 알 수 있는 점과 옷의 경우는 입어보는 것이 가능해 사이즈가 틀리는 일도 없다. 또한 특히 여성은 아이쇼핑을 하는 것으로 스트레스 해소가 된다고 한다. 인터넷 쇼핑은 사러 가는 수고가 절약되지만, 좋아하는 브랜드와 가게에는 직접 가는 것으로 점원의 이야기를 들을 수 있거나 하는 장점도 많이 있다.

PART1

1. 簡単で便利なことやいい商品が安く手に入ること(他にも答えがある)。
2. 直接商品を見られることや服の場合は試着ができる。
3. 買いに行く手間が省ける。
4. 直接商品を見ることができないことや個人情報の流出が心配であること。
5. ウィンドーショッピングをすることで、ストレス解消になる。
6. 不満や不安があるものの、利用している人はどんどん増えている。

第17課 젊은이 언어

젊은이 언어가 자주 화제에 오릅니다. 젊은이 언어를 긍정적으로 보는 사람도 있고 부정적으로 보는 사람도 있습니다. 부정적으로 보는 어른들이 많은 가운데 계속해서 말을 만드는 젊은이를 어느 의미에서 대단하다고 생각하는 어른들도 있습니다. 반대로 아름다운 일본어가 손상된다고 걱정하는 사람들도 있습니다. 젊은이 언어를 사용하는 것은 친구와의 대화를 한층 더 즐겁고, 템포 빠르게 추진해서 동료의식을 강하게 하는데 도움이 되기 때문이라고 생각됩니다. 그것을 어른들이 이해하는 것은 어려운 것인지도 모릅니다.

🐱 ダイアローグ

松本 박 씨 이쪽으로 좀 와 주지 않겠습니까? 하고 싶은 이야기가 있습니다만.

박 뭐, 뭔데요? 그렇게 무서운 얼굴을 하고. 내가 뭐 나쁜 말이라도 했나요?

松本 아니오. 아무것도. 단지 박 씨한테 하고 싶은 말이 있어서요.

박 뭐야, 갑자기 무서운 얼굴을 하니까 걱정했네. 마츠모토 씨는 정말로 대학생치고는 항상 정중한 말투를 사용하네요.

松本 그렇습니까? 보통으로 보통 말투를 사용하고 있을 뿐인데요.

박 아, 「フツーに」로 생각났는데 「フツーに 맛있다」라면 어느 정도로 맛있는 겁니까? 이건 칭찬받는 겁니까?

松本 응~, 어렵네요. 만약에 나한테 말했다면 '두 번 다시 만드나 봐라'라고 생각하겠지만요. 그러니까 오해를 줄 지도 모르는 말이라고 생각합니다.

박 역시 그렇습니까. TV에서 이런 젊은이 언어를 자주 듣지요. 하지만 의미를 모르는 말이 많이 있어서.

松本 그렇지요. 사람에게 상처 주는 말은 좋지 않다고 생각하지만 그 외에는 즐겁게 사용한다면 괜찮지 않습니까.

パク 나도 개인적으로는 나쁘지 않다고 생각해요. 제대로 잘 구별해서 사용할 수만 있다면요. 그런데 할 이야기란 게 뭡니까?

クイズⅠ

1️⃣ 「二度と作るものか」と思います。

2️⃣ 松本さんは、人を傷つけるのはよくないと言っています。パクさんは、使い分けができればよいと言っています。

クイズⅡ

1️⃣ イケメン(いけ面) 若い男性の顔かたちがすぐれていること。また、そのような男性。

2️⃣ めっちゃ 非常に。度はずれた。とても。

3️⃣ 逆切れ それまで叱(しか)られたり注意を受けたりしていた人が、逆に怒り出すこと。

4️⃣ さくっと さっさと。てきぱきと。簡潔に。

🧑 パターントレーニング

1️⃣ ～っけ (～나) : 기억이 확실하지 않은 것을 확인할 때 사용한다.

A : 내가 빌려준 책을 돌려 주세요.
B : 예? 빌렸었나요
A : 예, 찻집에 갔을 때 빌려 주었어요.
B : 아, 생각났습니다.

① 준 반지
② 받았습니다
③ 1년 전

194

② ~もん (~한 걸) : 이유를 나타내는 문말표현. 회화
에서 사용되는 일이 많고, 가벼운 문제에서 사용.

A : 화났어?
B : 화 안났어.
A : 하지만 갑자기 노려보는걸.
B : 미안.

① 울었어
② 울지
③ 입을 다물어 버리다

③ ~にしては (~치고는) : 역접의 의미로 기대에 미
치지 않는 것 혹은 기대 이상인 것을 나타내는 표현.

A : 이 스테이크 맛있네요.
B : 그렇네요. 기내식치고는 맛있네요.
A : 역시 비즈니스 클래스는 다르군요.
B : 그렇군요.

① 장어
② 700엔
③ 산지직송 판매

④ ~ものか (~할까보냐, ~할 수 있나) : '절대로 ~않
겠다'란 의미의 강한 반어표현.

A : 최근 회사가 힘들어서 이직을 생각하고 있습니다.
B : 하지만 이제 곧 승진하잖아요. 분발합시다.
A : 그렇지요. 여기서 그만둘 수 있나.
B : 그래요. 그 기개예요.

① 지금의 프로젝트
② 포기할까 하고
③ 이것이 성공하면 출세할 수 있다
④ 포기하다

⑤ ~かねない (~할지 모른다) : '좋지 않은 것이 일어
날 가능성이 있다'는 의미.

A : 달걀은 건강에 좋지요.
B : 그건 그렇지만.
A : 그래서 최근 달걀만 먹고 있습니다.
B : 그런 일을 하면 영양실조가 될지 몰라요.

① 스쿼
② 매일 500번 하고
③ 허리를 다칠지

 フリートーキング

젊은이 언어에 대한 의견

A

　저로서는 젊은이 언어는 이해도 되지 않고 그다
지 좋아하지 않습니다만, 부정도 하지 않습니다. 아
직 사람들한테 받아들여지지 않은 말에 관해서는 역
시 사용할 때와 장소를 고려해야 한다고 생각합니
다. 개중에는 젊은이 언어를 사용함으로써 자기도
모르는 사이에 상대방에게 불쾌감을 주는 일도 있습
니다. 젊은층으로부터는 「일부러 젊은이 언어를 사
용한다」, 「농담인줄 서로 알고 있으니까 사용하는
것은 상관없다고 생각한다」란 의견입니다. 요컨대
제 생각은 때와 장소를 잘 구별해서 사용하면 아무
문제 없다는 것입니다.

B

　젊은이 언어가 침투함에 따라 말의 혼란이 문제
가 되고 있다고 합니다만 그것이 과연 그런지는 모
르겠습니다. 나는 친구들끼리 은밀하게 사용할 때
는 문제가 없다고 생각합니다. 확실히 젊은이 언어
를 들었을 때 올바른 일본어를 사용하지 않는다고
지적하고 싶어질 때도 있지만 그것은 시대의 흐름이
라고 생각합니다. 최근에 어른들도 올바른 말을 사
용하지 않는다고 말할 정도니까 우선은 어른들부터
올바른 일본어를 사용하도록 하지 않으면 안 된다고
생각합니다. 어른들이 올바른 말을 사용하면 아이
들도 그것을 따라 할 것이라 생각합니다.

PART1

1. 若者ことばに対して、使い分けをするならば問
   題はないと言っている。
2. 時と場所。
3. 友達同士、内々で話すとき。
4. 時代の流れなのでしょうがないと考えている。
5. 正しい日本語を使っていないときもある。
6. 相手に不快な思いをさせてしまうこともある。

第18課 스트레스 · 건강

스트레스에는 과로, 나쁜 인간관계, 불안 등에 의해 자신의 몸과 마음이 힘들어지거나 귀찮은 기분이 되거나 의욕이 없어지거나 하는 나쁜 스트레스도 있고, 목표, 꿈, 스포츠, 좋은 인간관계 등 자신을 분발하게 해 주거나 용기를 만들어 주거나 기운 나게 해 주거나 하는 좋은 스트레스가 있습니다. 그러므로 인생에는 스트레스가 적어도 많아도 문제라고 할 수 있습니다. 적당하게 좋은 스트레스를 가지도록 하고 나쁜 스트레스는 되도록 적게 해서 해소해 가는 것이 중요합니다.

ダイアローグ

김 　예, 선배님, 드세요. 피곤할 때는 단 것이 제일이에요.

吉田 　고마워요. 아~, 요즘에는 바쁜 데다가 휴가도 적었지요. 솔직히 피로도 스트레스도 피크입니다.

김 　선배님도 그렇습니까? 나도요. 선배님은 이럴 때 어떻게 스트레스를 해소하고 있습니까?

吉田 　개그를 보고 마음껏 웃습니다. 그런 걸로 스트레스가 해소될 리가 없다고 생각하지요? 하지만 개그만큼 좋은 해소법은 없어요.

김 　큰 소리로 웃으면 건강에 좋다는 것은 들은 적이 있습니다만.

吉田 　그래요. 웃으면 스트레스가 발산되지요. 그래서 스트레스가 발산되면 몸에 좋다는 겁니다. 그래서 건강해진다.

김 　좀 믿기 어려운 이야기인데요.

吉田 　나도 처음에는 그랬습니다. 하지만 TV로 개그를 보고 큰 소리로 웃는다, 그것 뿐입니다. 돈도 들지 않아요. 김 씨의 스트레스 해소법은요?

김 　나는 맛있는 것을 많이 먹는 것입니다. 가게를 찾아보기만 해도 즐거워집니다.

吉田 　엣! 그런 해소법도 있군요. 그럼 이 다음에 일 이야기는 빼고 맛있는 것이라도 먹으로 갈까요?

クイズⅠ

1 お笑いを見て、大きい声で笑うことです。
2 おいしいものをたくさん食べることです。

クイズⅡ

Ⅰ
1 C
2 C

Ⅱ
1 ○
2 ○

パターントレーニング

1 ~上に (~에 덧붙여, 게다가) : 좋은 것에는 좋은 것을, 나쁜 것에는 나쁜 것을 거듭하여 말할 때 사용하는 표현.

A : 종이 접기 교실에 다녀왔습니다.
B : 어땠습니까?
A : 익숙하지 않은 데다가 손재주도 없어서 힘들었습니다.
B : 아직 시작한지 얼마 안되서요.

① 하와이
② 비행기가 늦은
③ 상당히 흔들려서
④ 무사해서 다행입니다

2 ~わけがない (~할리가 없다) : '그렇게 될 이유 · 가능성이 전혀 없다'는 의미.

A : 무엇을 하고 있습니까?
B : 괴담 이야기에요.
A : 유령 따위 있을 리가 없잖아요.

196

B : 그렇게 말하지 말고 함께 들읍시다.

① 옛날 컴퓨터를 사용할 수 있을지 보고 있습니다
② 이렇게 낡은 것을 지금 사용할 수 있을
③ 시험해 봅시다

③ ~ほど~ない (~만큼 ~없다) : '전건에 견줄만한 것은 없다'란 의미.

A : 무엇을 먹을까요?
B : 초밥을 먹으러 가지 않겠습니까?
A : 처음이라 기쁩니다.
B : 정말입니까? 초밥만큼 맛있는 것은 없어요.

① 어디에 갈
② 남이섬
③ 남이섬
④ 아름다운 곳

④ ~がたい (~하기 어렵다) : '~하는 것이 곤란하다'란 의미.

A : 새 휴대전화를 사려고 생각하고 있는데요.
B : 어떤 기종으로 할 생각입니까?
A : 이 검은 것도 멋지지만 은색도 버리기 어렵고……
B : 망설이고 있군요.

① 회사에 영업하러 가려고
② 회사에 갈
③ A사는 너무 크고 B사도 크지는 않지만 가까이 가기

⑤ ~はぬきにして (~은 빼고) : '그것은 없이' '그것을 제외하고'란 의미.

A : 오늘은 신년회에 초대해 주셔서 감사합니다.
B : 딱딱한 인사는 빼고 오늘은 즐겁게 지내다 가세요.
A : 고맙습니다.
B : 건배!

① 회사관계 등의 어려운 일
② 앞으로도 솔직한 의견을 나누어 갑시다

 フリートーキング

스트레스 발산법

A

　저는 스트레스가 쌓일 때는 혼자 있으려고 합니다. 제 스트레스 해소법은 느긋하게 목욕을 하거나, 자거나, 맛있는 것을 먹거나, TV를 보거나 하는 것입니다. 목욕할 때는 쓸데없는 생각은 하지 않고 멍하니 탕에 몸을 담그는 것으로 하루의 싫은 일도 잊어버려 상쾌해질 수가 있습니다. 역시 일을 할 때는 철저하게 일을 하고 놀 때는 마음껏 노는 편이 좋다고 하듯이 집에 돌아가면 일은 잊고 아무것도 생각하지 않는 것이 좋은 것 같습니다.

B

　저는 원래 개그가 좋아서 TV 프로를 녹화해 두고 스트레스가 쌓였을 때는 녹화한 마음에 드는 프로를 보거나 개그 DVD를 빌려서 보거나 해서 어쨌든 웃어서 발산시키고 있습니다. 그 밖의 방법은 친구와 만나서 이야기를 하는 것과 친구와 긴 통화를 하는 것입니다. 서로 불평을 말하면 개운한 기분이 될 수 있습니다. 들어주기만 하면 상대방도 스트레스가 쌓여버리니까 서로가 말하도록 하고 있습니다. 「웃는다, 이야기한다」가 내 스트레스 해소법입니다.

PART1

1. ゆっくりお風呂に入ったり、寝たり、美味しいものを食べたり、テレビを見たりしてストレスを発散している。
2. お笑いを見たり、友達と会ったり長電話して、愚痴を言い合ったりする。
3. 余計なことは考えずに、ぼーっとお湯に浸かるようにしている。
4. 仕事は仕事、家庭は家庭。
5. お互いが言うようにしている。
6. Aは一人でできること。Bは一人でできることと、相手が必要なこと。

第19課 목표·꿈

당신의 꿈은 무엇입니까? 꿈과 목표가 확실할 때 인간은 그 것을 향해 열심히 노력할 수가 있습니다. 가치관이 다양해지고 복잡해져서 꿈을 가지기 어렵게 되었다고 일컬어지는 현대사회 이지만 그런 때이기 때문에 더더욱 꿈과 목표를 가지고 노력하 는 것이 중요합니다. 꿈이 클 수록, 목표가 확실할 수록, 사람은 그것을 향해 힘을 발휘할 수가 있습니다. 여러분의 풍요로운 인생을 위해 이번에는 꿈을 뜨겁게 서로 이야기 합시다.

ダイアローグ

김   과장님이 홋카이도에 가시면 쓸쓸해지겠네요.

이   열심히 하고 오겠습니다. 뭐니뭐니 해도 나한테 는 부장님과 같이 내 집을 갖는다는 꿈이 있으니 까요.

佐々木 이 과장이니까 반드시 그 꿈은 이루어질 겁니다. 김 씨는요? 꿈과 목표를 들려주세요.

김   예. 지금까지도 부장님과 과장님 밑에서 여러 가 지 공부를 했지만 내년에 대학원에서 공부해 보 려고 생각하고 있습니다.

佐々木 예에~, 낮에 일하고 밤에 공부합니까? 힘들잖아 요.

김   실은 작년부터 계획하고 있었습니다. 대학원을 알아보고 저금을 하면서 계속해서 이 계획에 따 라 준비해 왔습니다.

이   확실한 목표를 세웠네요. 나도 더 공부해야지 하 고 생각하면서도 일이 바빠서 좀처럼……. 김씨 는 그 점이 대단해요.

김   아니오, 앞으로도 이 일을 해 가는데 있어서 더 전문적인 지식이 필요하지 않을까 생각하게 되 었던 겁니다

佐々木 좋은 일이네요. 꿈과 희망이 있다고 하는 것은 요. 저도 분발해야겠네요. 여러분 각자의 꿈과 목표를 향해서 열심히 하지 않겠습니까.

クイズI

1 自分の家を持つことです。

2 大学院で勉強しようと思っています。理由 は、今の仕事をしていくにあたって、もっと 専門的な知識が必要だと思うようになったか らです。

クイズII

男子 スポーツ選手(野球・サッカー)、大工、調理 師、バスの運転士・パイロット

女子 保育士、看護師、獣医師、美容師

パターントレーニング

1 ～のもとで (～하에서) : '밑에서' 또는 '영향의 범위 내에서'란 의미.

A : 저 상사 밑에서 일하는 것은 큰일입니다.

B : 어째서입니까?

A : 방자하고 제멋대로이니까요

B : 그것 참 두 손 들었습니다.

----

① 선생님

② 거들다

③ 밤까지 함께 있게 합니다

2 ～に沿って (～에 따라서) : '～에서 떨어지지 않고' '～에 따라서'란 의미

A : 편의점에는 어떻게 가면 됩니까?

B : 이 도로를 따라서 가면 되요.

A : 똑바로 가면 있군요.

B : 예 그렇습니다.

----

① 심포지엄은 어떻게 진행하면
② 이 자료에 따라서 진행하면
③ 여기에 써

③ ~つつも (~하면서) : 역접이지만 전건과 후건이 동시에 일어난 것을 나타내는 표현.

A : 실연한 친구를 미팅에 나오게 했습니다.
B : 그것은 단단히 마음먹은 일을 했네요.
A : 망설이면서도 와서 즐기고 있었습니다.
B : 다행이네요.

① 선생님을 록 페스티벌
② 록은 싫다고 하면서도

④ ~にあたって (~에 처하여, ~에 즈음하여) : '중요한 시기를 당면해'란 의미.

A : 실례합니다. 신용카드를 만들고 싶은데요.
B : 그러면 이 용지에 기입해 주세요.
A : 이러면 됩니까?
B : 예 .그리고나서 이 이용시 주의점을 잘 읽어 봐 주세요.

① 논문을 제출하고 싶다
② 논문작성

⑤ ~うじゃありませんか (~지 않겠습니까) : 말을 걸어서 강하게 제안하는 표현.

A : 오늘은 선배들만 있는 송년회라 긴장되네요.
B : 하지만 모처럼의 자리이니 즐기지 않겠습니까?
A : 많이 이야기 하고 싶네요.
B : 그렇지요.

① 졸업식입니다
② 아이들의 고등학교 생활 마지막 모습
③ 잘 봐야지
④ 사진을 찍고 싶다

 フリートーキング

 꿈

A

　저는 내년에 미국 어학교에 가는 것이 꿈입니다. 어학교에는 여러 나라에서 유학와 있는 클래스 메이트와 친구가 되기도 하고 어학을 배움과 동시에 여러 나라의 문화에 대해 알고 싶습니다. 그리고 미국인 친구를 사귀고 친구의 범위를 넓혀 갈 수 있도록 영어를 열심히 공부하고 싶습니다. 여러 나라 사람과 접촉함으로써 일본의 좋은 점과 나쁜 점이 보이고 우리 나라에 대해서 전보다 더 흥미를 가질 수 있게 되는 것이 아닐까 하고 생각합니다. 지금까지 영어를 공부해 왔지만 영어가 좀처럼 늘지 않아서 고민한 적도 있었습니다. 하지만 앞으로는 지금 이상으로 더 공부를 해서 미국에 갈 꿈을 이루고 싶다고 생각합니다.

B

　내 첫 해외여행은 한국이었습니다. 한국어를 조금 공부하고 갔지만 실제로 한국 사람을 눈앞에서 대하니 아무 말도 하지 못해 충격을 받았습니다. 그래서 여행에서 돌아오자마자 한국어를 말하고 싶어서 어학교을 다녔습니다. 그 곳 어학교의 한국어 선생님이 아주 친절한 분이어서 한국어 수업은 웃음이 끊이지 않는 즐거운 것이었습니다. 제일 처음 수업은 내 수준보다 좀 어려웠지만 서서히 듣기도 말하기도 가능하게 되었습니다. 그래서 더 본격적으로 공부하고 싶다고 생각하게 되었습니다. 지금 한국 대학에 유학하는 것이 내 꿈입니다.

PART1

1. 実際韓国人を目の前にしたら話せなかったこと。
2. 色々な国の文化について知りたい。
3. 英語がなかなか上達しないこと。
4. 語学学校。
5. とても親切な先生。
6. 日本の良いところ、悪いところ。